『論語』でまともな親になる

世渡りよりも人の道

長山靖生

目次

序章　今どきの世間と『論語』

現代を生きるために必要なのは、道徳か処世術か

毎日、少しずつ『論語』を読んでいる。趣味でも教養のためでもなく、ましてや偉そうにするためでもない。必要を痛感して読んでいる。そういう生活が七年ほど続いている。子供に教えるためにはじめたことだが、すぐに自分自身のための習慣になった。

私が子供だった頃は、道徳なんてものは、わざわざ学ばなくてもいいと思っていた。ふつうに暮らして、ふつうに成長していけば、それなりの社会常識と共に、道徳なるものも自然に身に付くだろうと思っていた。哲学はさておき、日常的な道徳は「ふつう」のことだと思っていた。しかしその「ふつう」が稀有《けう》のものとなっているのが、現代だ。

私が子供だった昭和四十年代の日本（特に田舎）では、まだまだ昔ながらの道徳観念が生きていた。「人の道に外れる」「恥を知れ」「ご先祖様に申し訳がない」といった言葉は、日常生活のなかで健在だった。しかも私の故郷（今も住んでいる）は旧水戸藩領という土地柄のためか、ちょっと理屈っぽい大人の説教には、『論語』や『大学』『中庸』に加えて、水戸学者による『弘道館記述義』『新論』『回天詩史』などの一節が出てくるのが、ふつうだった。好むと好まざるとにかかわらず、それらの断片は今も私の頭に残っている。

ただし、それをありがたいことだとは感じていなかった。

私が子供だったのは、日本が高度経済成長と呼ばれる活気の中にある時代だった。日本は急成長しており、それでもまだまだ庶民は貧しかった。そんな庶民の日常生活には、古くからの道徳観念が支配的で、でもそれは「古い考え」で「これからの時代を生きていくには役に立たない」と思われていた。

平成に入ってバブル経済が崩壊して、右肩上がりが右肩下がりに転ずると、時計の針を逆戻ししたいという願望からか、「昭和ブーム」なるものが登場した。昭和三十〜四十年代の日本を懐かしみ、希望と活気に溢《あふ》れていた時代として美化して語る物語が流通した。

たしかに当時の生活は、今よりも人情味があったと思う。でもそれは、いい面ばかりだったとはいえなかった。義理人情は、下手をすると血縁・地縁を優先する身内贔屓《びいき》につながっていた。それは自分たちと無縁な他人への無意識の排除でもあった。また、終身雇用を約束する代わりに滅私奉公的な忠勤を当然とする会社社会には、戦前的な忠義の感情が、そのまま残っていた。それは「上官の命令がすべて」である軍隊のように、時には理不尽に個人を圧迫し、違法行為をしてでも会社に尽くすことを求めるような体質となって表れた。

そうした「古くからの価値観」は、あの時代の最中《さなか》にあっては、乗り越えねばならない悪しき習慣としてイメージされていた。世の中の人々の多くは「新しさ」「経済的豊かさ」「効率性」「スピード」を求めていた。進歩的文化人は封建的因習の打破を唱え、財界も経済合理性を重視して古い商業道徳を軽視しはじめていた。

そのような時代、成功者になるために勉強して身につけるべきは、新しい実用的な知識だとされた。また生きるために必要な知恵は、古い道徳ではなくて、上手に世渡りができるような処世術だという風潮が、当時は強かったように思う。モーレツ・サラリーマンの時代は、同時に植木等の「無責任」シリーズの時代でもあった。今より庶民が道徳的だった当時、しかし道徳は軽んじられて、邪魔だとさえ思われるようになっていたのである。

だから私が、多少とも若い時期に倫理学や哲学に興味を抱いたとしたら、それは自分の日常に役立てるためではなく、観念的でロジカルな思考を楽しむためだった。ようするに他人《ひと》事《ごと》であり、単に教養として身につけるということだ。儒学に関しても、それは現代を生きるための道徳としてではなく、歴史的な知識として読む程度だった。

子供の頃から『論語』を読んではいたが、あえて道徳的に生きようと思うことはなかった。むしろ、そういう価値観が自然に染み付いているために、私は一攫《いっかく》千金的な投資への嫌悪があり、「そのほうが得だから」という打算は理解できても、その打算を実行するのが苦手だった。つい本当のことが言いたくなる。つい、正論を唱えたくなる。そして言ってしまう。

おかげで私は、学校では奇妙に浮いた子供であり、大人になってからも世渡りが下手だった。そしてそれを、「損だな」と思っていた。それでも、子供の頃に自然に「古い道徳」を刷り込まれた私は、そういう規範を切り捨てて、「自由に」営利を追求する気持ちにはなれなかった。

グローバリズムという言葉が流行《はや》りはじめると、「それは明治期の〝優勝劣敗〟と、どうちがうのか」と嫌味を言ってしまうのが、私である。もう少し処世術を身につければいいのに、と我ながら思わないでもないが、でもそれがいやだという体質になっているのだから仕方ない。激しい世間の動向から身を引いた、やや古めかしい晴耕雨読の半隠居的生活で、今まで暮らしてきた。ここで「それでも、これこそが人間らしい生き方だ」と胸を張れるなら大したものだが、「損」と感じてしまうところが、私が道徳的ではなくて、単なる偏屈にすぎない所以《ゆえん》である。

子供に処世術を教えられるか

自分の人生については半ばあきらめているから、それはそれでいいのだが、子供のこととなると、そうもいっていられない。親というのは、自分のことならあきらめられても、我が子には期待をしてしまうものである。

子供にはどんな人間になってもらいたいのか。処世術を身につけて、うまく世渡りし、それに良心の咎《とが》めを感じないような人間か。それとも道徳的規範を身につけて、損得ではない理非の勘定ができる人間か。

私は堅物《かたぶつ》ではないので、人生にはその両方の側面が必要だと思っている。ただし現代は、ふつうに生きていれば、自然に処世術が身につくような世の中である。そうでなければ生きていけないからだ。だが、処世術だけを身につけ、いわゆる「勝ち組」的な意味で「成功」しても、人間はそれだけでは幸福の実感にコミットできない。もちろん、うまく世渡りが出来ない「負け組」が精神的支えすら持っていない場合は、「どうして自分だけ……」という恨みがましい気持ちが募って、ますます生き難くなり、極端な場合は悲惨な事件などを引き起こしてしまう。どちらの人生にも、自分自身のために、何らかの道徳を、押し付けられるのではなく、自らの意志として身につけることが必要だ。

処世術と道徳の両方が必要だとするのなら、道徳心が欠乏している世の中では、ビタミン欠乏を補うように、努力して道徳を心に刻む必要が高まっている。それに道徳規範は、早くに身につけないと自分のものにならないが、処世術はあとからでも学習できる。本質的に重要なのは「道徳」だ。

そこまで考えてから、愕然《がくぜん》としたのだが、今の自分には教えるべき体系的な道徳規範がなかった。私自身は、断片的にもせよ刷り込まれた「古い道徳」によって自然に身を律して生きてきたが、それをわが子に教えられるほどには、理解していなかった。だから子供に、「決まりは守りなさい」とか、「友達と仲良くしなさい」「そういうことはすべきではない」と命令することは出来る。だが、本当に大切なことを教えられない。それでは、子供はいわれたことを聞いているだけで、人格的に高まることはなさそうだ。

どうにかしなければならないとあせって、『論語』を開いた。世知辛《せちがら》い世の中を「生きやすくする」ためには、処世術が役に立つだろう。だが人間が「生きる」ためには、まず道徳が必要なのだ、と親になってみて、はじめて痛感した。人間、どんなに儲けても高が知れている。経済力も権力も腕力も、他人と比較してどうこうという、相対的な価値に過ぎない。自分で自分の人生に納得するためには、自分を是とし得る確固たる価値観が必要だ。そしてそれをこそ「道徳」と呼ぶのであろう、と思い至った。人間は、処世術を駆使して「うまく生きる」だけでは、生きられない。道徳的な「よりよい生き方」を模索しながら生きることが、本当に人間らしく生きることなのだ。

『論語』は現実とのバランスを取った道徳

それにしても、どうして『論語』なのか。実はここには、絶対的な理由はない。『聖書』でもいいし、『コーラン』でもいいのかもしれない。欧米では現代でもキリスト教は大きな力を持っており、社会道徳の基礎にもその影響は濃厚である。もちろん、イスラム圏では『コーラン』が社会規範になっている。日本人でも、キリスト教徒なら『聖書』、イスラム教徒なら『コーラン』を奉じている人は少なくないだろう。それはそれでいいのだと思う。

では日本人なら、仏典を学べばいいのではないか、という考え方もあるだろう。そういえば『般若心経』を写経するのが、秘《ひそ》かなブームらしい。それはそれでまたいいのだが、私には合わない。宗教道徳は心を落ち着けるのにはいいが、世俗で生きねばならない現役世代には、まだ早いのではないだろうか。ましてや、子供に刷り込むと、引きこもってしまいそうで、怖い。それなら日本の古典、たとえば『徒然草』や『方丈記』はどうかというと、これらは脱俗的要素と世俗的洞察力という点では優れているが、道徳原理というよりは処世術的である。

こうしたわけで、あまたある古典のなかでも、道徳性、世俗的活力、馴染み深さの点で、『論語』は、第一番目に読むべきテキストだ。

とはいってもやはり、『論語』は古臭すぎて現代社会には合わないのではないか、という声もある。特に身分秩序に従順すぎる点が、民主主義の時代に合わないと見なされがちだ。だが、それでは「新しい道徳」は、あるのだろうか？

実際、明治維新以降、近代化を進める日本では、道徳面でも新しい国民テキストを模索した。しかしそれはうまくはいかなかった。明治政府が作成した「教育勅語」や「軍人勅諭」は、『論語』以上に時代遅れの感がある。

戦前の旧制高等学校の学生が、カントやショーペンハウエルなどに惹《ひ》かれたのは、ロジカルな観念論的思考への知的興味に加えて、封建的な儒学道徳に代わる「もうひとつの道徳体系」を求めたからだったと思う。しかしそれは難解なだけに、ともすれば知識のための知識に陥りやすかった。

戦後の学生文化（実は秘かに戦前にも）のなかで、最も多くの者が関心を寄せたのはマルクス主義だった。それは社会改変の理論であると同時に、やはり新しい道徳でもあった。しかし左翼運動は教条的であり、イデオロギー闘争に熱心すぎて、庶民的な道徳感情とは遠いところに行ってしまった。

一九八〇年代のニューアカデミズム・ブームは、社会主義国家の現実的な崩壊もあって、そうした左翼思想が退潮した後の思想的模索であり、百家争鳴の華やかさが幻視された。しかしニューアカは、マルクス主義の教条主義に辟易《へきえき》したためか、相対主義の色合いが濃く、倫理的な規範力は弱かった。それがバブル経済崩壊後の、現代日本の混沌状態を招いた、精神的側面だと思う。

そうした紆余曲折を経て、けっきょく、親しみのある道徳思想書で、われわれの手に残っているのは『論語』をはじめとする儒学の本ということになるだろう。

『論語』は〝親読み〟ではじめて身にしみる

『論語』を教えるにあたって、私はまず自分で『論語』を読み直す必要に迫られた。『論語』は短い言葉の集まりで、漢文のなかでは読みやすいほうだとはいっても、難しい字も少なくない。親が読めなくては、恥をかく。一夜漬けでもいいから（よくはないが、しかたない）、まず予習しておかなければならない。

それに私の子供はまだ小さいので（幼稚園の頃から教えはじめた。今は小学生である）、漢字が読めず、だから親が、あらかじめ手書きの教本を作ってやる必要もあった。また古い時代の書物なので、今どきの子供に、最初からすべてを教えるのは無理だ。『論語』のなかには、古代中国の儀式や楽器の扱い、祭礼用の衣服などに関する細かな話なども出てくる。現代人には、入門としてはそこまで必要ないだろう。さらには、自分の子供の今現在の年齢や性格に合わせて「役に立つ部分」を絞り込んだ。できることなら、ついでにその解説として、現代に役に立つ解釈というか、応用的な解釈を付けてやるといい、とも考えた。それはつまり、親である私自身が『論語』を自分の人生に取り入れるということでもある。実践への意思なくして、言葉はない。本書は、そのようにして『論語』を読み、子供のために作ったテキストを基にしている。『論語』の何たるかも知らないのに。漢学者でもないのに。

かくして私は、「論語読みの論語知らず」どころか、「論語知らずの論語読み」という無謀に突入したのである。そしてテキスト作りの作業は、まもなく、子供のためではなく、親である自分自身のための自作テキスト作りとなったのだが。

それにしても困るのは、「自分に道徳を語る資格があるのか」という問題だ。いうまでもなく、そんな資格はない。だが「自分程度の人間では困るから、子供には教えておきたい」と思っているのだから、自分のことは棚上げしなければならぬ。棚に上げて、でも「自分もちゃんとしなきゃ」と反省し、冷や汗をかいているのが、実情だ。

「道徳」が敬遠されるのは、それが説教臭いからである。説教臭さとは、話の内容ではなく、自分のことを棚上げにして、上から目線で言葉を発する、そんな話し手の姿勢から生まれる。『論語』に限らず、道徳的な叡智《えいち》が身にしみないのは、その語り手が自分で道徳を重んじていないのに、相手にだけそれを求めているからであり、読み手自身が、わが身に照らして受け取る気持ちを持っていないためである。

しかし親になって、子供に道徳的な信念を持つことの大切さを教えたいと願い、自分にそれが欠けていることに愕然として手に取り直したとき、『論語』の言葉の一つ一つが、生きたものとして感じられるように思われた。素直に感動した。

私は思うのだが、道徳的な書物とは、本来、そのようにして読まれてきたものなのではないだろうか。江戸時代の人々だって、子供のときから『論語』のすべてが身にしみたわけではなかっただろう。子供の時には、ただ知識として読んだ人が多かったのではないか。たぶん、親や世間に強制されて。それでも、その言葉は記憶の中に引っかかって残る。そして大人となって、子供に教えてやるために、再び『論語』を前にしたとき、かつてこれを教えてくれた自分の親や先生に思いを馳《は》せ、自分には出来なかった「立派な人生」を獲得することを、子供に期待している自分に気付き、親自身も、立派にはなれないにしても、せめてまっとうに生きようと思い直し、一緒に『論語』を読んだのではないか……。

そもそも道徳は子供にも必要だが、大人にこそ、もっと切実に必要なのである。そうでなければ、世の中は決してよくならない。世の中が、子供にとって「汚いもの」に見えるとすれば、それは大人たちが汚いからだ。

『論語』が道徳的なのは、そこに道徳的なことが書かれているからではない。『論語』には、「他人事」が書かれていない。ここに書かれているのは、基本的にすべて「自分ごと」である。孔子は自分の考え、自分の行動規範を述べている。他人に問われたときも、「自分ならこうする」ところを示すというのが孔子の基本姿勢だった。「あなたはこうすべきだ」とか、

「だれそれに何々をさせるといい」というような考え方を、孔子はしない（弟子を教える際には、けっこう厳しいことも言っているが）。それが道徳の基礎だということが、文句としては書いてないが、『論語』に収められている孔子の言葉遣いにあらわれている。

孔子は、弟子に何かを語る際に、わが身に照らし、相手一人ひとりの性格や学業進度を的確に把握した上で、言葉を発している。この孔子の語り方は、教育者として最良の姿勢であり、親としても見習いたいものだ。親身だから、手厳しくても、身にしみる。もし万一、しかられた相手が、怒りに我を失って「そういう自分はどうなんだ」と言い返そうとしても、その言葉を発する前にハッとして恥じ入るほどに、孔子は誰よりもまず自分自身が、その言葉を守ってよりよく生きようとしている人だった。孔子はたぶん、弟子に向かってではなく、弟子と並んで発言していた。

「孔子顔」とは、どんな顔か

『論語』は、孔子が語った言葉、あるいは孔子が弟子や当時の人々と交わした会話をまとめたものだが、ほかに弟子たちの言葉や弟子が見た孔子の日常なども記録されている。この本は孔子の著作ではなく、その死後に、弟子たちがまとめたものである。だから孔子の時代よりは後のものだが、それでもかなり正確に孔子の実像を伝えている。『論語』を繰り返し読んでいると分かってくるが、ここに語られた言葉が結ぶ孔子像は、決して神格化された聖人としてのそれではなく、人間的な生々しさがあり、孔子の不満や憤《いきどお》りも伝わってくる。

孔子は堅苦しい、と思われている。江戸時代には、すでに「孔子顔」という言葉があって、野暮ったく、厳めしい表情を指したというから、当時の人々にとっても儒学は窮屈なものだと感じられたのだろう。しかし孔子は、けっこうよく笑う人だったのではないかと思う。弟子や当時の人々との会話には、ユーモアも感じられる。第一、孔子は楽観主義者なのである。

孔子は周の霊王の二十年（紀元前五五二）、もしくは二十一年（紀元前五五一）に魯の昌平郷に生まれ、周の敬王四十一年（紀元前四七九）に亡くなった。

孔子が生きた時代、統一王朝としての周は衰微して有名無実となり、諸国が分立して互いに覇を競っていた。日本の戦国時代がそうであるように、それは下克上の世界であり、骨肉の争いや反逆が頻発していた。思想界でも、さまざまな思想家が古典を勝手に解釈してそれを秘教のように扱っていた。あるいは神秘的な力があると宣伝して民衆を惑わし、君公に取り入る者もあった。

乱世を苦々しく思わない人間は、よほどのバカか、その隙《すき》に自分もひと稼ぎしようと考える野心家のどちらかだ。洞察力と良識を兼ね備えた人間なら、憂うべき世を、憂うのは当然だ。そのような現実に直面したとき、もう駄目だと嘆くのが悲観主義者、無気力に陥って個人的な快楽に逃避するのがニヒリスト、そして、それでもなおかつ世の中を変えたいと思い、行動する者が楽観主義者だ。

『論語』を読んでいると、今も昔も、あまり人間は進歩していないのではないか、と思えてくる。人は同じような煩悩《ぼんのう》を抱え、社会もまた同じような混沌のなかにある。『論語』は、そうした現実社会に向き合いながら、よりよく生きることを目指した思考と行動の記録である。

『論語』は学而《がくじ》、為政《いせい》、八佾《はついつ》、里仁《りじん》、公冶長《こうやちょう》、雍也《ようや》、述而《じゅつじ》、泰伯《たいはく》、子罕《しかん》、郷党《きょうとう》、先進《せんしん》、顔淵《がんえん》、子路《しろ》、憲問《けんもん》、衛霊公《えいれいこう》、季氏《きし》、陽貨《ようか》、微子《びし》、子張《しちょう》、堯曰《ぎょうえつ》の二十章からなり、二章ごとに一巻として十巻二十章という構成で今日に伝えられている。各章の題名は、それぞれの章の最初の二字を取ったもので、各章の内容を示したものではない。

本書では『論語』を冒頭から逐語訳するのではなく、現代人に使いやすいテーマを設定し、各章からそのテーマに沿った名句を引くという構成を取っている。その上で、私の勝手な感想やら、子供の反応やらを添えた。まあ子供は、最初の二、三章くらいの部分で止まっているのだが。なお、各語句がどの章から引いたかがわかるように、語の後に章名を加えた。これを契機として『論語』全篇をじっくり読もうという際に役立てていただきたい。

第一章　真の幸福は、この一句からはじまる

「学ぶ」と「習う」はどう違うか

○子曰《しい》はく、学《まな》んで時《とき》に之《これ》を習《なら》ふ、亦説《またよろこ》ばしからずや。朋《とも》あり遠方《えんぽう》より来《きた》る、亦楽《またたの》しからずや。人知《ひとし》らず、而《しか》して慍《いか》らず、亦君子《またくんし》ならずや。（学而）

子曰、學而時習之、不亦說乎。有朋自遠方來、不亦樂乎。人不知而不慍、不亦君子乎。

『論語』の冒頭の一句はとても有名だから、たいていの人は、一度は読んだ記憶があるだろ

う。高校時代の漢文で最初に出てきたのが、これだったような気がする。それでも念のため、まずは通釈をしてみよう。なお、「子曰《しい》はく」は「(孔子)先生はいった」であり、省略する。聖賢《せいけん》の言葉には敬意をこめて「曰《のたま》はく」と訓《よ》み、「おっしゃった」とするのが伝統だが、原文はどちらも「曰」の一字で同じである。ほかに曾子曰はくとか、子貢曰はくのものもあるが、本書ではこれも基本的には省略し、会話体の場合だけ、誰の発言か分かり難いので、示すことにする。

〔通釈〕大切なことを先人から学び、これを幾度も復習して本当に自分自身の身につける、なんと喜ばしいことではないか。友人が遠くから訪ねてくれて歓談する、なんと楽しいことではないか。他人が自分のことを評価してくれないにもかかわらず、怒ったりしない、なんと真に立派なことではないか。

これだけの言葉だが、「これだけ」がなんと含蓄《がんちく》に富んでいることか。それがどんなに人間が生きていくうえで重要であるかは、子供の頃には分からなかったが、大人になったら、本当に体が震えるくらいに感動した。冒頭の一語から、「子供に教えるどころではなくて、まず自分が身につけなくては」と慌てた所以《ゆえん》である。

まず私は、「学ぶ」と「習う」は別のことで、その両方が必要だということを、忘れている自分に気づかされた。「学ぶ」とは、先生に就いて（それは学校の先生に限らず、塾の先生でも親でも、先輩でもいいのだが）、他の人間から何かを教えてもらうことである。『論語』の場合、それは当然、『詩経』『易経』などの先行テキストに残された聖賢の教えということになるのだが、現代なら物理や生物などの自然科学であったり、外国語でも構わないだろう。それらすべてにおいて「学びて習う」ことが重要だ。

ともかく何かを「知ること」は「教えてもらうこと」にはじまる。そこには「本を読む」というのも含まれるだろう。単純にいえば、「知ること」は「情報を得ること」で足りそうに思われる。だが、情報を得ただけでは、本当には人はなかなか物事を知ることはできない。情報と同時に、情報の「正しい読み方」を教わらないと、若者はとんでもない勘違いをしてしまうものだ。そして、人生の出発点での勘違いをそのまま放置すると、その人生は台無しになりかねない。

この場合の「若者」は、未熟者ということで、だから年齢的な若者だけではなくて、未知のジャンルに足を踏み入れる大人も含まれる。未熟者は往々にして、自分が知り得た範囲だけで世界を解釈し、性急に答えを出そうとする傾向がある。だが、世の中はそんなに単純には出来ていない。現代社会が複雑になったのではない。孔子の昔から、そもそも世界は複雑であり、人間は謎であり、人間関係は奇怪だったのである。だからこそ、人はまず他者に就いて「学ぶ」ことが大切なのだ。

そして他人から学ぶと共に、繰り返し「習う」必要がある。教わったことを繰り返し嚙《か》みしめることを意味する「習う」のなかには、「自己流に嚙み砕く」というのも含まれていると思う。数学の法則を、実際の経理や土地の測量などに応用すべく工夫するのも、「習う」だろうし、自然科学の法則を自分の思考法の中に取り入れることもまた、「習う」だろう。ちなみに自然科学の法則は、誰にも変えることは出来ない。その発見者もまた、これを変えることはできない。人間の希望や欲望に従うために世界があるわけではない。その理不尽な自明性を思い知ることが、自然科学を学ぶ第一の意義だと私は考えている。

人間が知識を求めるのは、単純にいうと役に立てるためだ。知識は役に立つものであり、役に立つものでなければ(役に立つように消化しなければ)、本当の知識とはいえない。そのようにいうと、「功利的な実学だけが知識なのか、哲学や古典などのより深い教養は、いらないというのか」と怒る人もいるかもしれない。怒る人はまだいいのであって、なかには

「そうだよな」と何の疑問もなく即座に納得して、「金儲けに結びつかないものは知識ではない」などという、人が言ってもいないことを信じて、オレオレ詐欺を働くようなヤカラもいるのが、現代だ。

しかしだからこそ、道徳や教養は役に立つのである。『論語』をきちんと読み込んで、すなわち学びて習った者のなかからは、オレオレ詐欺師は生まれないだろう。

現代の日本では、オレオレ詐欺は論外としても、法律スレスレの商売であっても、金儲けさえすればそれでいいというような哀しい風潮がある。これを「哀しい」とホントにみんなが思っているなら、もう少し世界はよくなりそうなものだ。しかし自分であくどい金儲けをしていないマトモな人のなかにも、そのようにして金持ちになった人を「勝ち組」と見なして羨んでいる人は多い。一時期のホリエモン人気や村上ファンド人気は、それを物語っている。教養とは、そのような生き方を羨《うらや》むという愚かしさを演じないために、役に立つのである。違法行為スレスレ（あるいは非合法？）で金儲けするならまだしも、悪だくみのために知恵を絞るという努力すらせずに、ただそれをやった人間を持ち上げてみたり、くさしてみたりするばかりの無作為は、何よりの悪徳だ。『論語』にも、そのように書かれている。（どこにどう書かれているかは、あとで）。

どんな知識も、自分なりに工夫しなければ、自分の人生には役に立たない。工夫抜きで、よく分かってもいないことを実践したりすると、どこかで無理がたたり、いつか爆発する。知識とは、それが本当に身につかなければ、テスト前に集めた他人のノートのコピーみたいなもので、何の役にも立たない屑《くず》である。だから「習う」のが大切なのだ。そして真に習い得た時、そこには「ああ、このことは自分の人生に役に立つ」という実感が訪れる。それはまさに、悦びとして訪れるだろう。「学《まな》んで時《とき》に之《これ》を習《なら》ふ、亦《また》説《よろこ》ばしからずや」という種類の喜びを感じうる人生は、とても豊かで、幸福なはずだ。

——このように、えらそうなことを書いてきたが（でも、本当にそう思うのだが）、実際に自分がそういう人生を生きてきたかというと、なにぶん正直なものだから、うつむかざるを得ない。

『論語』に書かれているのは、本当に豊かな生活への道筋である。それはまた、多大な努力を伴う、困難な人生でもある。たぶん、このとおりに生きることはできまい。それでも、あえて『論語』的人生の「正しさ」を噛みしめることは、凡人的人生の幸福のためにも、十分に「役に立つ」だろう。

友と何を語るのか

「朋《とも》あり遠方《えんぽう》より来《きた》る、亦楽《またたの》しからずや」もそうだ。ここにある人生は、困難で豊かなものに違いない。

友人が遠方から来る、という。時代は古代である。遠くから来るのは、大変な苦労だろう。それを押して友人がやってくるのはなぜか。それにしても、この人には近所に友達がいないのか。そうではあるまい。周囲の人々と仲良く暮らしているにもせよ、真に語りあえる友は少ない。なぜなら彼が友と語りあうのは、とても難しく深遠なことがらだからだ。

天下国家のこと。永遠の真理について。それらを床屋談義としてではなく、自分の人生を賭けた命題として抱える人間は、そうは多くない。互いに語り合うに足る者が出会い、思うさま議論する楽しさ。

現代はケータイなどで、いつでも人がつながっている時代である。しかし、本当につながっているのかというと、かなりあやしい。時間的には相互に拘束し合いながら、むしろ関係自体は希薄になっているような気がする。メールをしている最中だけはつながっていると思えても、返信がちょっとでも遅いと「つながっていない」と不安になる。それは、つながっているのは電波だけで、本当は、心はつながっていないのではないか、という不安（あるいは無意識下の確信?)の故である。

どうしてそのような不安に囚《とら》われるのかといえば、現代のわれわれのつながり方のなかには、「語り合うべきこと」が欠けているからである。いつでも連絡は取り合え、実際に取り合っていて、でも本当は語るべき中身がない。どうでもいいことばかり話していて、肝心なことは話し合えない。それどころか、そもそも自分の中に〈重要な命題〉がない。「人とつながる」というのは、本当は「つながる手段をキープする」ではなくて、「共に語り合うべき志を持つ」ということなのだろう。

志があり、その課題について「学《まな》んで時《とき》に之《これ》を習《なら》ふ」人が、たまに会って意見交換をできれば、それは楽しいだろうなあ、と思うのである。そう思って、私の頭に具体的に思い浮かぶのが、学会風景ではなくてSF大会での出来事であるのは、情けないことではあるが……。

「人知らず」=他人は分かってくれない

「学而」篇冒頭の一句で一番大切なのは、実は「人知《ひとし》らず、而《しか》して慍《いか》らず、亦君子《またくんし》ならずや」ではないかと思う。

「人知らず」は近代人にはおなじみのテーマで、ようするに「他人は分かってくれない」である。若者はよく「大人は分かってくれない」というが、では若者同士なら分かり合っているのかというとそうでもなくて、いっしょに遊んでいる「自分と同レベル」の仲間を馬鹿にしているのが、若者である。

どうして「他人は分かってくれない」が近代以降、おなじみのテーマかというと、近代が「自分らしさ」を追求することに価値を見出した時代だからだ。「自分探し」や「個性重視」は、別にここ二、三十年の現象ではなくて、日本でも明治後期には、はっきりとはじまっていた。夏目漱石が書いた『虞美人草』の甲野君（ナイーブな哲学青年、経済的には親の遺産があって無職）や『それから』の代助（ナイーブな美意識青年、経済的には親の資産に依存していて無職）などは、その典型である。ただ庶民は、生活的にまだそのレベルにはなっていなかったというだけだ。日本は、明治四十年代から百年かけて、庶民にも代助的憂鬱《ゆううつ》が感じられるような国へと「成長」したわけだ。

しかし「自分が自分らしくある」ということは、「自分と他人の違いがはっきりすること」であり、したがってお互いに他人のことが分かり難くなる過程でもあった。漱石は『吾輩は猫である』のなかで、個性がますます発達してゆくと、芸術家が作り出す作品は、どんどん他人から見ると分かり難くなる、それは作品の完成度が高まった結果なのだが、そういう

「いい作品」こそ、誰からも理解されなくなるだろう、と指摘している。

孔子は、彼が生きた時代、すでに優れた思想家として名声は高かったが、彼の理念を現実の政治に役立てようとする王侯は、あまりいなかった。いわば孔子は、古代中国にあって、すでに近代人の悩み、それも代助的憂鬱ではなくて、高い完成度に到達してしまった芸術家の悩みを抱えていたのである。

そこまでいかなくても、「他人は分かってくれない」「自分は理解されていない」という悩みというか不満は、誰でも持っている。どこのだったか、不祥事を起こした会社の社長が、追及する記者に向かって「オレは寝てないんだ」と逆切れして、記者から「われわれも寝ていません。被害者は寝るどころではありません」と言い返されて絶句したことがあったが、社長は「人知らず（他人はわかってくれない）」と怒るに忙しく、自分が「被害者という他人について、よく知ろうとする努力をきちんとしていない（それこそが、自分が最初にしなければならないことだったのに）」という自覚など、なかったのである。

「キレない大人」になるための矜持

このようにたいていの人間は、「他人は分かってくれない」と不満を抱え、怒っている。

自分だって、まわりにいる他人のことを、ちっとも考えておらず、理解なんてしていないという事実は、棚上げにして。

だから孔子は、やはり学而篇のなかで、こうも述べているのである。

○子曰《しい》はく、人《ひと》の己《おのれ》を知《し》らざるを患《うれ》へず。人《ひと》を知《し》らざるを患《うれ》ふ。（学而）

子曰、不患人之不己知。患不知人也。

〔通釈〕他人が自分を知ってくれなくても憂慮はしない。人のことをちゃんと知らないことを憂慮する。

人間は、自分のことについては、努力の過程から知っている。「自分はこんなに努力しているのに、その割には認められていない。報われていない」と感じるのは、そのためだ。そして、そういう人も、他人に関しては、結果からしか判断しようとしない。なぜなら、他人の内なる努力は見えないからだ。だから他人の成功は、その人が見えないところでどんなに努力しているのかなんてことは考えずに、「あいつは運がいい」「チャンスさえあれば自分だって……」くらいにしか思わない。

他者からの評価は、たいてい、当人の自己認識ほど高くない。また世間の評価は、時間的にずれて、後からやってくる。ある人の挙げた成果が、他人の眼に明らかになり世間に浸透するのには、時間がかかるのだ。しかも他人は、その人の成功がまだ一度だけだったら、「あいつは運がいい」「たまたまだ」としか思ってくれないかもしれない。しかしそれを二度三度と重ねてゆけば、いずれは実力だと認めてもらえるのではないか。ずっと努力をしていれば、自己宣伝などしなくても、自ずから周囲の人々にも分かってもらえるようになるだろう。そんなことに思い悩むよりも、自分こそ、他人の努力を見落としたり、人柄を誤解したりしてはいないだろうかを考えよ、と孔子は問うのである。

それに、そもそも努力は他人に認めてもらうためにするのだろうか。それもあるかもしれないが、第一に大切なのは、何よりも自分自身を高めることではないか。努力した成果は何よりも自分のなかにある。まだ外に現れていない自分のささやかな成長を、さらに磨き上げていくことが、自分のすべきことであって、他人の評価をうかがったり、あげつらったりするのはおろかな行為だ。そのような境地に立って、他人の目に自分がどう映るかではなく、真に自分を磨くことを心掛けるのが、本当の君子＝立派な人間なのだ。

このように考えられるようになったとき、人は決して安易にキレたりはしなくなるだろう。「他人は分かってくれない」といって怒る人ばかりが目に付く世の中だ。秋葉原で起きた無差別殺人事件や、土浦の荒川沖駅連続殺傷事件などが、私の頭をよぎる。

たしかに世知辛い世の中である。誰にでも不満はあるだろう。だが、不満を増幅させても意味はない。「人知《ひとし》らず、而《しか》して慍《いか》らず、亦君子《またくんし》ならずや」——他人から誤解されたり、教師や上司から不当な扱いを受けたとき、この言葉を思い出せれば、キレることなく、理路整然と反論するか、あるいは寛容な気持ちで相手の理不尽に耐えられる／超然としていることが出来るようになる。

自らを支える矜持《きょうじ》を身につけていれば、世間の理不尽に耐えられるようになる——これはやや高慢なことでもあるが、若者はまず「自分には自分にしか分からない志があるのだから、世間のやつらにそれが分からなくても当然だ——」という傲慢《ごうまん》さを以ってでもいいから、世間との妥協方法を身につけたほうが（自分と他人の双方にとって）安全だ。

「自由」「平等」は人をキレやすくする？

現代日本でキレる若者が増えたのは、日本の教育の「成果」なのかも知れない、と思うことがある。それはよくいわれるように、現代教育の歪《ゆが》みといったような、短期的な問題ではない。たしかに画一的な教育は窮屈《きゅうくつ》だが、問題はそればかりではない。自由競争を賛美し、立身出世を肯定した文明開化以来の価値観も、戦後民主主義の平等思想なども、それぞれに人間をキレるようにしてしまう必然性を帯びていた。

明治以降、日本では富国強兵を国家目標として掲げた。戦後日本ではそれが経済復興、経済成長となったが、結局は同じことだ。そして個人に対しては、立身出世という価値観を持たせて、モチベーションを高めた。個人が自分の立身出世のために努力すれば、それが国家の利益を誘導するというシステムは分かりやすく、国民を〝努力〟へと駆り立てた。そんな明治以降の日本では「学《まな》んで時《とき》に之《これ》を習《なら》ふ、亦説《またよろこ》ばしからずや。朋《とも》あり遠方《えんぽう》より来《きた》る、亦《また》楽《たの》しからずや」という論語の教えは、江戸時代と変わらず重んじられたが、「人知《ひとし》らず、而《しか》して慍《いか》らず、亦君子《またくんし》ならずや」はないがしろにされた。近代日本は、個人の欲望を刺激することで国家を発展させようとしたので、こうした謙譲の美徳は、後退したのである。

ディベート力という名の自己主張を賛美する現代の教育では、ますますその傾向が強まっている。学校教育でも、「人に知られない」はあたかも悪いことのように扱われているのである。これでは子供がキレやすくなるのは当然だ。

ちなみに「慍」の訓については、「いからず」のほかに「いきどおらず」あるいは「うらみず」とするものもある。「怨《うら》みず」となると、ホントに切れる寸前の感じで、ちょっと怖い。

若者がキレやすいのは、彼らがまだ視野が狭く、そして純粋だからかもしれない。純粋な者にとって、世俗の不純さは許しがたいものに思われるのだ。そうした「純粋な若者」は、そうした自分の純粋さが、実は親が自分の分まで世俗にまみれてくれているおかげで保たれているということには気付かない（あるいは、薄々分かっていても、気付かない振りをしている）。そして若者は、自分を圧迫する醜い世俗の代表として、親を憎んだりする。

この不調和はいずれ、時が解決するだろう。「大人になれば分かる」のだ。ただし、その「時」を迎えられるかどうかが、ひとつの問題点だ。だから「人知《ひとし》らず、而《しか》して慍《いか》らず」という言葉は、なるべく早いうちに子供に刷り込んでやるといい。キレそうになったとき、自分のなかに入っていた「言葉」が、自分を抑えてくれるかもしれない。それが子供の頃から『論語』の素読《そどく》をさせ、暗唱させた時代の知恵だったのではないだろうか。

肥大化した自意識を抑制する呪文

実際に報われない努力をたくさんしている人は多い。「努力は必ず報われる」という合理主義だけを信奉している人は、そうした理不尽に対して、怒りを蓄積することになる。あるいは、いつも天下万民のためを考えていたのに、それが理解されない苦悩を抱え続けていた孔子そのひとが、「人知《ひとし》らず、而《しか》して慍《いか》らず」を、ほかでもない自分自身のために、唱え続けたのではなかったか。そういえば『論語』には、これの類語が多いのである。

○子曰《しい》はく、人《ひと》の己《おのれ》を知《し》らざるを患《うれ》へず。其《そ》の不能《ふのう》を患《うれ》ふ。（憲問）

子曰、不患人之不己知、患其不能也。

〔通釈〕人が自分を知ってくれないのは患えない。自分の営為努力がまだ足りないことを患うのである。

○子曰《しい》はく、君子《くんし》は能《よ》くすること無《な》きを病《うれ》ふ。人《ひと》の己《おのれ》を知《し》らざるを病《うれ》へず。（衛霊公）

子曰、君子病無能焉。不病人之不己知也。

〔**通釈**〕立派な人間は、自分はまだ研鑽《けんさん》が足りないと思って嘆くものだ。人が自分の立派さに気付かないなどと嘆きはしない。

こういう言葉を読むたびに私は、言っていることとは逆に、孔子も内心では、だいぶキレかかっていたのではないか、という気がしてくる。

孔子は人間の幸福の基礎を、人間らしい自覚が持てるかに置いていた。現代的にいえば、「本当の自分を確立する」といってもいいだろう。ただし本当の自分は、どこかにあって、探してくるものではなく、自分自身で作り上げるものだとしている。学び、そして習うのは、まだどこにも存在していない自分というものを作り出すためである。そして友は、よりよい自分を作り上げ、また道を誤らないように軌道修正するためにサポートし合う存在だ。

孔子は、古代にあって、近代的自我の病理に既に気付いていた。思うに近代的自我は、近代になってはじめて現れたものではない。自覚のある者には、古代にもそうしたレベルでの自己意識はあったのである。ただ、そうした意識を持っている人間が少なかったというだけだ。現代では、自覚を持つまでもなく、そのようなものが「ある」とわれわれは教えられる。

そして自覚した途端に生まれてしまうのが近代的自我だ。「ボクって何？」という設問がありえることに気付いてしまった以上、人間はただ衣食などの物欲を満たすだけでは幸福になれなくなってしまっている。そこに自己を高める学問の必要性があると同時に、自意識による苦悩をなだめる必要性も生ずる。「人知《ひとし》らず、而《しか》して慍《いか》らず」というのは、肥大化した自意識を抑制するための呪文である。

幼稚園児にとっての『論語』

ところでこうした言葉は、いつ頃から子供に伝えたらいいのだろうか。

この『論語』学而篇冒頭の一句を、私は息子が幼稚園児だった頃に教えた。子供は記憶力がいい。特に意味の分からないものを丸暗記するのが得意である。だからすぐに覚えた。お風呂から出る前、十数える代わりに、暗唱させるのが我が家の日課になった。もちろん意味が分かってのことではない。意味が分からない「アブラカダブラ」と同じような、不思議な言葉として唱えるのである。それでもいいと私は考えていた。道徳的な言葉は、すぐに役に立つものではないし、覚えたとたんに身にしみるものでもない。ただ、なるべく早いうちに刷り込んでやるのが親の務めだと思っている。

なぜなら道徳的な言葉は、自分の中から出てきて、はじめて自分の欲望や短慮を抑制する機能を果たすと私は考えているからだ。

一時、少年が発した「どうして人を殺してはいけないのか」という疑問に、大人たちが答えられず、うろたえたことがあった。実は人を殺してもいい場合があって、死刑は合法的に人を殺す制度だし、戦争では敵を殺すことはむしろ奨励される。にもかかわらず「人を殺してはいけない」と子供に合理的に教えることには、かなりの努力がいる。

しかし本当の道徳教育は、そもそもそのような問いを生じさせない刷り込みとしてなされるべきだと思う。それはタブーに似ている。タブーは理由を問うことを許さずに、何事かを禁ずる命令だが、道徳はそれを守ることに精神的尊厳から満足を感じる規律である。道徳は外部から「与えられた」のではなく、「自分はそれを意識とともに原初的に獲得した」と感じられる深さにあってこそ、真に機能する。

苦難に直面したとき、「学《まな》んで時《とき》に之《これ》を習《なら》ふ、亦説《またよろこ》ばしからずや。朋《とも》あり遠方《えんぽう》より来《きた》る、亦楽《またたの》しからずや。人《ひと》知《し》らず、而《しかう》して慍《いか》らず、亦君子《またくんし》ならずや」という言葉を、他人から与えられた説教としてではなく、自分のなかに刻まれた記憶として思い出せたら、それは大きな支えになるのではないか。

「なぜ人を殺してはいけないか」が人為的な命題にすぎないと気付く少年は、あるいは「頭がいい」のかもしれない。しかし、「人を殺してはいけないということを、自明のこととして私は問わない」という子供は、たぶん、それを問う子供より幸せだ。

ところで幼稚園児は幼稚園児なりに、なじんだ言葉には自分なりの意味を付与していく。息子は幼稚園から帰ってきて、教わってきた歌を歌ったり、工作をしながら「学んで時にこれを習うのは、楽しいね」といい、「友ありは、楽しいね」といった。そして私は、子供が友達と喧嘩して帰ってきて「〇〇ちゃんは、ぜんぜん僕のいってることを分かってくれない」と文句をいう子供に、「〈人《ひと》知《し》らず、而《しか》して慍《いか》らず〉だよ」といって聞かせることになった。『論語』は幼稚園児の生活にも、即座に役に立ったのである。

人間は誰でも、幸せになりたいと思っている。ましてや、子供の幸せを願わない親はいない。親が子供に論語を読み聞かせるのは、『論語』が世俗道徳的に役立つからではない。特に今どき、『論語』を読んでがんばったからといって、受験競争や社会での出世には、直接は役に立たない。しかしここには、自己を充実させる言葉が並んでいる。それは「出世」だの「富」などという迂回路を通らずに、幸福に直接つながるものだ。充実して、「これでいい」といえる人生を生きられるほどの幸福はない。子供には分からないが、実社会に出た大人なら、そのことをよく知っている。

第二章　生きることは、学ぶということ

学問は、役に立たなければならない

○子曰《しい》はく、故《ふる》きを温《たづ》ねて新《あたら》しきを知《し》れば、以《もつ》て師《し》となるべし。（為政）

子曰、溫故而知新、可以爲師矣。

〔**通釈**〕古くから伝わる大切な叡智をよく習得し、それを新たなものとして現在に役立てる方策を考えられる者は、人の師となる資格がある。

知識というものは、人の役に立たなければならない。役に立たない、単に自分の知的興味を満足させるだけの知識なら、それは「オタクの知」にすぎず、社会的には空疎なものである。生きた学問をするということは、しかし今だけを見ていればいいというものでもない。そもそも「今」などという時間はない。あるのは過去と未来であって、「今」はたちまち過去になっていく。時を越えて価値あるものが、真に今現在の課題を克服するために有効なのだ。そうでないと、一時はうまくやったつもりでも、後からとんでもない副作用におそわれることになりがちだ。

ビスマルクは「賢者は歴史から学ぶが、愚者は経験からしか学ばない」と述べている。「経験から学ぶ」というのは、失敗してからはじめて身にしみるということである。それでは遅い。それに、人間の人生なんてたかが知れたもので、若い頃の経験を生かすといっても、それが後の時代になっても通用するとは限らない。

「昔取った杵柄《きねづか》」という言葉があるが、自分が年をとっているのに、若いつもりで何かをやると、けっこう失敗することがある。子供の運動会で頑張りすぎて捻挫《ねんざ》するお父さんは、たいてい学生時代と変わらないつもりで全力疾走するのだが、体が脳内イメージと違う動きしか出来ないので、転ぶのである。それに経験は、けっこう嘘をつく。人間は自分に都合の悪いことは忘れがちだし、適当に美化して記憶してしまっている。「オレの若い頃は、もっと頑張ったものだ」という人は、たいていそれほど頑張っていない。だいたい、本当に頑張ったことがある人は、そんなことを言わなくても、周りが「あの人はすごいんだ」と現在形でほめてくれるので、わざわざ「頑張った」などと過去形で自己主張をする必要はないのだ。

歴史に学ぶというのは、失敗を先取りし、他人の経験を自分の経験にするということだ。歴史に学び、現代が過去の歴史に照らしてどのような状況に当たるのかを考える。また過去と現在の違いを冷静に見据えること。未来につながる「今」を生きる知恵は、過去を把握する訓練があって、初めて可能となる。

知識と思考力の、どちらが大切か

○子曰《しい》はく、学《まな》んで思《おも》はざれば則《すなは》ち罔《くら》く、思《おも》ふて学《まな》ばざれば則《すなは》ち殆《あやふ》し。（為政）

子曰、學而不思則罔、思而不學則殆。

〔通釈〕人から学んだことを、ただ覚えただけでその理屈や応用について思索をめぐらさなければ、知識は単なる知識としてあるにとどまり、狭い視野にとどまってしまう。あれこれと自身で思いをめぐらすばかりで、きちんと体系的に学ぶ努力を怠ると、その思考は空想的段階にとどまって脆《もろ》いものでしかない。

受験勉強が激化しすぎているとか、丸暗記だけでは本当に役に立つ知識が身につかないといった理由によって（でも本当は一般公務員が週休二日制になったのに伴い、公立学校の教員も休みを増やす必要に迫られたという労務管理上の事情が大きかったといわれているが）、日本の文部省（当時）は「ゆとり教育」を実施した。「知識から思考力へ」というのが、表向きのコンセプトだった。ところがどうもこれがうまくいかなかったということになって、再び詰め込み型の教育へと舵《かじ》を切りつつある。

何をやっているのか、と思う。知識を詰め込むことと、思索をめぐらすこと。そのどちらが大切なのか、などを問う必要は、そもそもないのだ。どちらも大切だということは、昔から分かる人は分かっていた。

知識は思索のための材料である。材料なしには、建築も思想も構築し得ない。と同時に、図面を引き、組み立てる創造性がなければ、材料があっても役には立たない。孔子の学問観は、両者のバランスの取れた進捗《しんちょく》を何よりも重んじている。それは学而篇冒頭の「学《まな》んで時《とき》に之《これ》を習《なら》ふ」にも示されていたことだった。

ただ問題は、動機である。学問が成るか成らないかは、動機があるかどうかによって大きく左右される。内発的な動機を持たない者には、学問を真に教えることは出来ない。知識は教えられても、「自分が学問をする動機」は、教えて身につけさせることが出来るものではない。

「どうして勉強しなければならないの?」と子供に聞かれたとき、大人はたいてい「立派な大人になるために」とか「大人になってから生活に困らない働きが出来るようになるために」と答える。前者には道徳が含まれており、後者は経済生活優先の答えだ。

みんなが貧しかった時代、「立身出世」は十分に個人個人の胸に響くスローガンであり、動機となりえた。孔子が目指す「学」は、道徳的な道を志すものなので、実利的な成果を目指す学問ではないが、実学であっても、やらないよりはやったほうが道徳的だと私は思う。

しかし働くことが当たり前ではなくて、「何のために働くか」という問いになった頃から(あるいは、そのような問いを発する余裕のある若者にとっては)、「学ぶこと」もまた、当たり前ではなくて「何のために?」という疑問の対象になった。そして、この問いに答えられない大人も現れた。
何のために学ぶのか。その答えは、大いに考えてよいものだ。考えて、自分で答えを出せたら、内的な動機を持って学べるようになるだろう。もし、考えてもまだ分からなかったら、学び方が十分ではないので、もっともっと多くのことを他人から教わるとよい。学ぶことと考えることの往還は、「自分は何のために学ぶのか」を獲得するためにも、行われてしかるべき思考運動でもある。人は「自分は何のために生きているのか」を生きながらでないと考えられない。それと同様に、「なぜ学ぶのか」は、学びながらでなければ考えられないのかもしれない。

学問は人格である

○子曰《しい》はく、朝《あした》に道《みち》を聞《き》かば夕《ゆふべ》に死《し》すとも可《か》なり。〔里仁〕

子曰、朝聞道、夕死可矣。

〔通釈〕求め続けてきた正しい道のあり方を、朝に悟り得て心に聞くことが出来たならば、その日の夕べに命が尽きてもいいと思っている。

何という決意だろうか。この言葉を、若い頃に読んだときは、「真理を獲得するためには死んでもいい」というようなイメージで捉えていた。ゴッホとかモジリアニのような破滅型の芸術家が、自分の寿命を縮めるような打ち込みかたで作品を描いたような、そんな狂的な雰囲気が漂っているように感じた。そういう空想のなかで、この言葉を口にする孔子は、眼光鋭い青年としてイメージされていた。そして青年孔子は、この言葉を「立て、万国の労働者」風に叫ぶのである。

しかし中年になって読んでみると、この言葉は、命の尽きるその瞬間まで真理を求め続けようという決意が表れた言葉だと思われてきた。この場合、この言葉を口にする孔子は老人で、淡々としている。死は身近なものとなりつつあり、もしかしたら自分が生涯追い求めてきたものは、遂に得られないとわかっている。それでも悔いはなく、まだあきらめもしない。むしろ楽しげに、自分の生きている証として、この言葉を噛みしめるようにつぶやくのである。そして、そのほうが、いっそう気魄《きはく》が感じられる。

理想とは、若い時だけ熱狂して追求するのではなく、老いて死ぬその直前まで、追い求め続ける価値があるものなのだ。

○子曰《しい》はく、性《せい》は相近《あひちか》し、習《なら》へば相遠《あひとほ》し。（陽貨）

子曰、性相近也。習相遠也。

〔通釈〕生まれつきの人間の性格というものには大差なく、もともとは誰でも似通っている。その後、何を学び、何に習うかによって、次第に隔たりが大きくなるのだ。

個性というのは、人間の生まれつきの本来の性格としてあらかじめ備わっているもので、成長するにしたがって、それが矯正／社会化され、均質化されるという考えがある。この考えを極端まで推し進めると、教育は個性を矯正し、人間を没個性化する有害なものとする見方が出てくる。

しかし孔子は逆のことを述べている。

人間は本来、それほど大差がない、と孔子はいう。それが学問をし、自ら考えることによって、次第にそれぞれの「自分」といえる個的存在になっていくのだ。

これに似た訓話を、どこかで聞いた覚えはないだろうか。福沢諭吉の『学問のすゝめ』である。その冒頭には、次のように説かれている。

〈「天は人の上に人を造らず人の下に人を造らず」と云えり。されば天より人を生ずるには、万人は万人皆同じ位にして、生まれながら貴賤上下の差別なく、万物の霊たる身と心との働きをもって天地の間にあるよろずの物を資《と》り、もって衣食住の用を達し、自由自在、互いに人の妨げをなさずしておのおの安楽にこの世を渡らしめ給うの趣意なり。されども今広くこの人間世界を見渡すに、かしこき人あり、おろかなる人あり、貧しきもあり、富めるもあり、貴人もあり、下人もありて、その有様雲と泥との相違あるに似たるは何ぞや。その次第甚だ明らかなり。『実語教』に、「人学ばざれば智なし、智なき者は愚人なり」とあり。されば賢人と愚人との別は、学ぶと学ばざるとに由《よ》って出来《いでき》たるものなり。〉

『学問のすゝめ』というと、「天は人の上に人を造らず」ばかりが有名だが、実はこれはそれほど重要ではない（いや、重要ではあるが、そこだけ強調する必要はない）。大切なのは「賢人と愚人との別は、学ぶと学ばざるとに由って出来るものなり」であって、だからこその「学問のすゝめ」なのである。
人間の基本的平等を説き、身分制度を批判した思想家も、本人の努力による格差は正当なものと見なしていた。しかもその「格差」は、収入や社会的地位といった「ささやかなもの」ばかりでなく、個性・人格そのものの形成にかかわると、福沢諭吉も述べているのだった。たしかに「我思う、故に我あり」（デカルト）であるなら、何を思い、いかに思うかは、その人自身の存在を形作る第一の要素であるだろう。人間にとって、「自己を高める」――「高められた自分を獲得する」以上の財産はない。

自分で自分に限界を設けない

○冉求《ぜんきゅう》曰《い》はく、「子《し》の道《みち》を説《よろこ》ばざるにあらず。力《ちから》足《た》らざるなり。」子《し》曰《い》はく、「力《ちから》足《た》らざる者《もの》は中道《ちゅうどう》にして廃《はい》す、今女《いまなんぢ》は画《かぎ》れり。」（雍也）

冉求曰、非不說子之道。力不足也。子曰、力不足者、中道而廢。今女畫。

〔通釈〕冉求が言った。「先生の教えを喜ばないのではありません。実践したいと思っているのですが、力不足で行えずにいるのです。」孔子はいった。「力が足りないなら、足りないなりに力を尽くした上で、力尽きて途中で挫折せざるを得ないだろう。だが今のお前は、自分の力を尽くす前に限界を設定して、行おうともしていない」

「自分はたいした者ではありません」という態度には、二つの意味が込められている。謙譲の美徳と呼ばれる控えめさと、もうひとつは面倒な問題からの逃避である。謙遜して「自分はたいした者ではありません」というのなら、その言葉の後には「でも頑張ります」という行動（言葉ではなく）が続かなければならない。「自分はたいした者ではありません」――「だから何もしません」は、謙遜ではなく怠慢であり、不遜ですらあるというのが、孔子の指摘である。だから孔子は、あきらめることを許さない。

たしかに人には、出来ることと出来ないことがある。人間はたいした存在ではない。その一方で、人は今は出来ないことでも、努力しだいでは出来るようになる、そういう可能性を秘めた存在である。

孔子はかなり厳しい教師だが、その厳しさは、弟子たちへの期待と「こいつはもうひと頑張りで、出来るようになる」という観察に基づいていた。そう思うとこの言葉は、師の期待の表れと取ることもできるだろう。「子供は褒《ほ》めて育てろ」とよくいうが、叱ることもまた褒めることだと、私は思う。この孔子の叱り方に学んで、私は子供を叱るときは、「お前は出来るはずなのに、それをしないのはいけない」「自分で悪いと分かっていることを、なぜするのだ。お前は善悪が分かる人間なはずだ」という言い方をするようにしている。

成長の個人差を見定めて能力を引き出す

○子曰《しい》はく、中人以上《ちゅうじんいじょう》には以《もっ》て上《じょう》を語《つ》ぐべし。中人以下《ちゅうじんいか》には以《もっ》て上《じょう》を語《つ》ぐべからず。

（雍也）

子曰、中人以上、可以語上也。中人以下、不可以語上也。

〔通釈〕学問が中程度以上まで達した者には、高尚で難解な道理を語り、これを学ばせるべきだが、中程度まで理解力が進んでいない者には、高尚な道理はまだ教えるべきではない。

学問を進めるのには段階がある。基礎が出来ていないのに、いきなり高尚な学問に触れると、その意味を取り違え、とんでもない勘違いをしてしまうことにもなりかねない。早熟な若者が陥りがちな誤りは、自分こそは天才であり、深遠な学問の真髄を解し得ると思い込むことだろう。旧制高等学校生徒のカント熱、学生運動に走った若者の独善性、自分と世界が密接にシンクロしていると思い込む「セカイ系」の病理もまた、この類であろう。

能力差、あるいは学習習熟度には厳然と個人差がある。孔子は、弟子の様子を見定めながら、一人ひとりの能力を引き出すことに巧みだった。

では、孔子は人間のどこに、いちばん注目するのか。

「やる気」という環境格差？

○子曰《しい》はく、憤《ふん》せずんば啓《けい》せず。悱《ひ》せずんば発《はっ》せず。一隅《いちぐう》を挙《あ》ぐるに、三隅《さんぐう》を以《もっ》て反《はん》せずんば、則《すなは》ち復《ふたた》びせず。（述而）

子曰、不憤不啓。不悱不發。擧一隅、不以三隅反、則不復也。

〔通釈〕 教育を施すには素地が整っているかどうかを見極めることが大切で、知りたいと願って煩悶《はんもん》するほどになっているのを見なければ、啓発はしない。表現したい思いがあるのに、上手く言い表せずに歯がゆくなってくるところまで来なければ、適切な文辞を示すことをしない。道理の一隅を示されたら後の三隅がどうなっているのかに思いをめぐらすようなところまで達していなければ、繰り返し道について語るべき相手とはいえない。

潜在能力以上に大切なのは、本人のやる気である。よく「やれば出来る」という子供がいる。しかしそれは「やらなければ出来ない」ということでもある。同じ素質のある子供たちのうち、ある者が奮起し、他の一方が怠惰に過ごして三年が過ぎ、五年が過ぎてしまえば、両者の差は決定的な開きとなって顕れる。二人の間では、共通の話題も少なくなってしまうことだろう。「性《せい》は相近《あひちか》し、習《なら》へば相遠《あひとほ》し」である。

こうした差が生ずる要因のひとつとして「家庭の教育関心度」が挙げられている。近年、親の所得と学校の成績、進学率に密接な相関性があるといった指摘が、よくされるようになった。しかしそんなことは、昔から分かっていたことだと思う。しかもそれは「金持ちの子供は得で、不公平」といったような単純なものではない。

親は自分の関心事を子供に伝えるもので、高学歴の親は子供にも高学歴を望み、職人の親は技術を子供に伝えたいと思う。身分制度が廃されたあとの近代日本でも、一定の職業・学歴の継承傾向は見られた。世襲が多いのは、国会議員や芸能人ばかりではないのである。

そうした職業選択に及ぶようなケースばかりでなく、子供の生き方に親の影響があるのは否めない。自分の周囲を見回してみても、物書きの家庭ではユニークな子育てが目立つ（家で仕事をしている人が多いので、父親の影響が濃い。たいていはオタクに育つ）。編集者も教育熱心で、たいていは子供に「早稲田か慶応」を望んでいる（だいたい当人の母校である）。そして学者は子供を東大に入れたいと思っている。全員から聞いたわけではないが（何人かには聞いた）、結果から見てもそういう傾向がある。

つまり経済環境だけでなく、こういう形で学歴／階層の再生産が進められるわけで、むしろ親自身の学問への関心度や教育関心度が、より強く子供の学歴に反映するのではないか、と私は感じている。そういう家庭では、親が切実に「学ぶことの必要性」を子供に伝えているのだ。それも口でいうのではなく、自分の生活を通して伝えている。そういう家庭では、子供が勉強をしやすくなるし、せざるをえなくなるのは、確かだろう。もっとも、それだからこそ、ラインからドロップアウトすると、それ以外の生き方ができ難くて困るケースも生まれやすいのだが。

「奮起のしやすさ」にも環境格差がある。この事実は厳然と受け止めなければならない。だが、この格差は、政策に期待しなくても、親の精神面の努力で、ある程度は埋めてやれるものだ。そしてなによりも、子供本人の心掛けしだいで克服しうるものである。

環境が整っているほうが勉強しやすい。しかし「自分はこれを学びたいのだ」と思える人間にとって、環境なんて、さして問題ではない。親に言われなくても、自分で決心すれば、それでもう環境問題の大半はクリアしている。それが乱世に生きた孔子が、志ある人々へ送ったエールだと私は思う。

何もしないよりは、ゲームにハマるほうがまし

○子曰《しい》はく、飽食《ほうしょく》終日《しゅうじつ》心《こころ》を用《もち》ふる所《ところ》なくば、難《かた》いかな。博奕《ばくえき》なる者《もの》あらずや。之《これ》を為《な》すは猶《なほ》已《や》むに賢《まさ》れり。（陽貨）

子曰、飽食終日、無所用心、難矣哉。不有博奕者乎。爲之猶賢乎已。

〔通釈〕食べたり飲んだりするばかりで時間を浪費し、心を尽くす何ものも持たないよりは、双六や碁といった娯楽でもしているほうが、頭を使う分、まだましだ。

もちろんここで、孔子はゲームを勧めているわけではない。双六は一種の博打《ばくち》だから、悪事である。それでも、何もせず、何も考えないような生活よりはましだ、と孔子はいう。孔子は努力すること、活動することが基本的に好きな人だったようだ。

もっとも、これを盾に取って、一日中ゲームをされたらたまらないので、子供に教える時には注意が必要だ。

我が家では、「孔子は最低なヤツよりは、次に駄目なヤツのほうが、まだましだといっているので、決して『それでいい』といっているわけではない。もしこの言葉を『そうだな』と思ったなら、もっといい言葉がたくさんあるから、それに従いなさい」と教えた。

ちなみにダンテの『神曲』では、生前、悪事を働かなかった代わりに善も為さなかった者は、路傍の石のように、地獄の前に転がっているとされた。何もしないということは、どうやら罪深いことであるらしい。

心を尽くし、身を尽くし――教えながら思わず恥じ入る「忠」の意味

○子曰《しい》はく、学《がく》は及《およ》ばざるが如《ごと》くして、猶之《なほこれ》を失《うしな》はんことを恐《おそ》れよ。（泰伯）

子曰、學如不及、猶恐失之。

〔通釈〕学問をする者は、追っても追ってもなお追いつけないかのように努め、そのうえなおすでに学んだことを忘れ失ってはいないかと恐れるくらい真摯《しんし》に励むようでなければならない。

よく、外国語を学ぶときは、寝言でもそれが出てくるくらいでなければ駄目だといわれる。いつも考えているようでなければ、学問は身につかない。聖書には「心を尽くし、身を尽くして神を愛せ」という言葉があるが、孔子は「心を尽くし、身を尽くして道を求めよ」と教える。

『論語』の教えは、素直に「その通りだ」と思えるものばかりだ。しかし実践するつもりで

読むと、怖いほど手厳しいものも少なくない。本当に効果があるダイエットのようなもので、苦しいくらいでないと、眼に見える効果はあがらないのである。

次の一句も、自分の身に照らしてみると、とても子供の前で、えらそうに教えられるものではない。

○曾子《そうし》曰《い》はく、吾《われ》日《ひ》に三《み》つ吾《わ》が身《み》を省《かへり》みる。人《ひと》の為《ため》に謀《はか》りて忠《ちゆう》ならざるか。朋友《ほうゆう》と交《まじ》はりて信《しん》ならざるか。伝《つた》へられて習《なら》はざるか。（学而）

曾子曰、吾日三省吾身、爲人謀而不忠乎。與朋友交而不信乎。傳不習乎。

〔通釈〕私は毎日、次の三つについてわが身を反省している。第一に、他人のために努めるべき事柄を、きちんと真心からこれにあたったか。第二に、朋友との交際で、何か不誠実な言動はなかったか。第三に、先生から伝え教えられたことで、復習を怠ったことはないか。

人間というのはけっこう賢い生き物で、何が正しいかは、たいてい誰でも知っている。しかし人間というのは相当に馬鹿な生き物でもあって、分かり切った正しいことが実行できない。ここだけの話だが、私は後者の意味で特に人間的な人間である。これが全部、毎日出来たらたいしたものだ、と溜息《ためいき》が出る。せめて、かくありたいという反省だけは、毎日したいと思う。

なお、最後の一節は「習はざるを伝えしか」と訓《よ》んで、「よく身に就いていないことを受け売りで教えてはいないか」と解する考え方もあるようだ。孔子の教えを受けた曾子もまた、人の上に立つ教師となった人である。しかしここでは、子供に教師批判をさせても仕方ないので、「伝へられて習はざるか」の訓を採る。こちらのほうが、すべての子供・大人に自分のこととして当てはまる。

ところで、ここで注目したいのは「忠」の意味合いである。われわれは忠というと、主君に仕えるとか、上司に従うというように、上の人に対する忠義、忠勤のことだけを意味すると思いがちだ。だから「忠」というのは、なんだか古臭い、世襲身分制時代の価値観であって、現代には無用のもの、それどころか場合によっては民主主義に反する負の価値のようにすら思っていた。

しかしこの語は、本来、「真心を尽くして、他人のために己のことのように励む」という意味である。

「我がことのように、他人のために努力する」なら、身分制時代でなくとも、人間として大切な姿勢だ。そういう価値観をみんなが少しずつでも持つように努力すれば、世の中、ちょっとはよくなるはずだ。

一方、「忠」が王侯への忠誠というイメージに集約されるようになったのは、なぜか。たぶん事実関係は逆であって、身分制国家では「真心を尽くしてその人のために努める」べき対象は王以外になかったのである。それ以外の人に忠を尽くしたら、どこかで公共の利益に反する問題に突き当たる。「私人」に忠を尽くすことは、「他人の私利私欲のために尽くす」にほかならないからだ。

ではなぜここで、「忠」を謀る対象が、「君のため」ではなく、「人のため」といわれているのか。それは歴史的に見て、「忠」の語感が、この時代には未だ「誠実さ」という一般感情のニュアンスを残していたためだろう。それはまた、忠の本来のあり方をも示唆するだろう。「忠」はただ、相手に従うことを意味するわけではないのだ。

「王に忠を尽くす」は、公共に忠を尽くすことである。誠実に相手に尽くすということは、ゴマをすることではないし、遠慮することでもない。だから王への忠には、王への諫言《かんげん》も含まれていたはずだ。

儒学では、人間の幸福は「うまくやって儲ける」ことにあるとは考えない。むしろそれは卑しく、つまらない人生であり、惨《みじ》めなことだ。真に「忠」なる者は、巧言で主君に阿《おもね》ることなく、個人としても真の幸福に到達するために、人格識見共に優れた人となるための努力を促さねばならないとした。もちろん、それを他人に薦める以上は、自分の身の慎み方は、生半可であってはならない。

それにしてもハードルの高い「毎日の目標」である。これだけ反省できれば大したものだ。自分で出来ないことを、とくとくと教えていいものか。「人《ひと》の為《ため》に謀《はか》りて忠《ちゆう》ならざるか」――子供に教えながら、背中に冷たい汗が流れる。

仕方ないので、子供に教えたときは「お父さんは、これがきちんとできなかった。でも、これからはなるべくするように気をつけるから、お前も頑張りなさい」と言った。凡庸な父としては、自分に出来ないことも、子供には出来るようになってほしいと思う。言ってはなんだが、親程度では困るから、教育しているのである。しかし自分のことを棚上げにしては、道徳教育は出来ない。せめて自分の実情を認識し、語ることで、誠意を示し、子供とともに自分も身を慎みたいところである（でも、その後も、とても毎日なんて省みていません。すみません)。

孔子版「無知の知」

というわけで、自分に何が出来ないかを把握することは大切だ。

○子曰《しい》はく、由《ゆう》、女《なんぢ》に之《これ》を知《し》るを誨《をし》へんか。之《これ》を知《し》るを之《これ》を知《し》るとなし、知《し》らざるを知《し》らずとせよ。是《こ》れ知《し》るなり。(為政)

子曰、由誨女知之乎。知之爲知之。不知爲不知。是知也。

〔**通釈**〕由よ(由は子路の名。これは孔子が弟子の子路にいった言葉である)、汝に知るとはどういうことかを教えよう。知っていることを知ると確認し、知らないことを知らないと正確に認識すること。これが本当に「知る」ということなのだ。

これはソクラテスの「無知の知」に通じる教えである。洋の東西を問わず、賢者の叡智には通底するところがあるらしい。そういえばソクラテスの対話編も、『論語』同様、言われるまでもないことを言われているような感覚に囚われやすい。でも、本当は分かっていないから、社会は一向によくならないし、自分たちは中途半端なままなのである。

あるとき、ソクラテスに神託が下り、お前はギリシャ一の叡智の持ち主であると告げた。だがソクラテスは、自分が知者であるという自覚がなかった。むしろ自分は無知であると考えていた。そんな彼が思い至ったのは、「無知の知」である。世の中には自分は知恵者であると自薦して、人々を指導する者が多いが、彼らは「知の無知」に陥っている。自分は色々なことを知っているといいながら、何を知らないか分かっていない。分かっていないことを知らないから、その無知を克服できないのだ、と。つまり「知《し》らざるを知《し》らずとせよ。是《こ》れ知《し》るなり」である。

当たり前のようだけれども、実はこれがとても難しい。人間は、基本的に自分には甘い。「テストはどうだった」と子供に聞くと、たいてい「だいたい出来た」という答えが返ってくる。この「だいたい」が曲者《くせもの》である。そういう場合、だいたい出来ていないのである。これは私自身、子供の頃、そうだったのを覚えている。むしろ、何が出来なかったかをはっきり分かっているときのほうが、全体の出来はいい。

また子供の勉強や、大人のスピーチ原稿など、間違った問題や変な言い回し箇所などを、バツを付けて問題箇所を明示してから、もう一度やり直させると、半分くらいは正解が出せるものだ。スピーチであれば、ちゃんと言い間違いは正せる。しかしそれらは「うっかりミス」だの「勘違い」ではない。やはり間違ってしまったというのが、その人の実力なのである。

しかし人間というのは自分に甘いので、たいていのことに関して、深く考えもせずに、なんとなく分かっているつもりになって、右から左に受け流してしまう。この「なんとなく」「分かったつもり」はとんでもない曲者なのである。

ところでソクラテスは、「無知の知」が「知の無知」よりも勝っているのなら、「無知の無知」はもっとかしこいのではないか、という設問をしてみせる。そして実は大切なことは、知識内容やその量ではなくて、「知る」という方法自体のあり方の質であることを、人々に気付かせた。

つまりソクラテスは「知の知」に立っていたのである。ソクラテスは、ロジカルな対話を通して、人々が気付き難い「当たり前」の非凡さを、人々に実感させた。

これに対して『論語』のなかの孔子は、標語のように「当たり前のこと」を淡々と語っている。だぶんそれは、孔子が議論の技法化を嫌ったためではないかと思う。巧みな弁舌や対話は、不誠実な使い方をすると、かえって人々を真理から遠ざけてしまう。知者は論争に勝つことに主眼を置いて、論点をすり替えたり、思考のための思考という快楽に身を委《ゆだ》ねる愚に陥りかねない。実際、その後西洋哲学が展開したスコラ哲学や弁証法の知的営為のもたらしたものが、社会をよくし、人間を幸福にするという目的のためには、貢献が大きかったか、それとも被害が大きかったかは、容易には判定しかねる。

楽しい学び方はない。ただ、学ぶことは楽しいのだ

○子曰《しい》はく、之《これ》を知《し》る者《もの》は之《これ》を好《この》む者《もの》に如《し》かず。之《これ》を好《この》む者《もの》は之《これ》を楽《たの》しむ者《もの》に如《し》かず。

（雍也）

子曰、知之者不如好之者。好之者不如樂之者。

〔通釈〕学に志し、道を求めるその徹底性の強度において、学問の必要性を知るのは端緒であって、これを好む者には及ばない。「好む」というのは、まだその役立て方について十分に体得しているとはいえず、楽しむ者には及ばない。

「楽しい学び方」ということが、よくいわれる。子供向けの学習番組とか、通信教育でも、何かアニメのキャラクターみたいなものが登場し、子供の関心を引くというのが、近年の傾向だ。幼児教育ならそれもしかたないかもしれないが、小学生になってもそれというのは、いかがなものだろうか。

大人向けの教養番組でも、ろくに美術や歴史の知識がない（あるいは、ないように演技をしている）女優などが出てきて、研究者にインタビューをするならまだしも、自分がナビゲーターをするようなものが多い。どうして、そんな迂遠《うえん》なことをするのか、と思う。迂遠であるだけでなく、胡乱《うろん》である。かえって分かり難い。はっきりいってジャマである。

どうもそれらは「楽しく学ぶ」の意味を取り違えているのではないか。そうした作り方からは、「勉強や教養は退屈なものなので、これに興味を持たせるためには、アニメとか美人とか、ほかの要素で興味を引かなくてはならない」という、勉強ならびに学ぶ人間への軽視すら感じられる。

そうではない。「楽しい学び方」などという都合のいい方法はない。「学ぶこと」それ自体が、楽しいのだ。その楽しさを、親や教師が自信を持って子供たちに伝えること、そして何より、学ぶ本人が学ぶことの楽しさに、一度でもいいから、身が震えるような感動を覚えること。学び続けるにあたって、これ以上の動機はない。環境格差をものともしない集中力を身につけるのは、心掛けひとつあればいい。それは難しく、また容易でもある。

第三章　ディベート力は必要か

人間見た目が九割なら、九割引きで本質を見る眼光を養え

○子曰《しい》はく、巧言令色《こうげんれいしょく》鮮《すくな》し仁《じん》。（学而）

子曰、巧言令色、鮮矣仁。

〔通釈〕巧みな言葉を使うことや見た目をよくすることにばかり気持ちを砕いていると、中身が空疎になりがちである。

孔子の「学」は「仁」の完成を目指したものだ。そしてそのためには中庸を得ることが大切だとした。中庸については、別の項で述べる。ここではまず、人格見識のバランスが取れた完成、といった程度に考えて、先に進む。

孔子は「巧みな言葉」と「見た目の飾り」を、共に「仁」から遠いものだとした。「見た目の飾り」が「仁」とは縁遠いというのは、分かりやすいだろう。

「人間、見た目じゃない」と、建て前で言う人は多い。儒学者ばかりでなく、茶髪にピアスの若者も「見た目だけで人を判断してほしくない」と、コンビニのバイトの面接では言うだろう。その割には、他人のことは見た目で判断し、ダサイとかかいい、服装や化粧で自己主張するのも人の常。最高裁判所には西洋起源の「正義の女神」像があるが、公平な裁きを象徴するこの女神は、右手に剣、左手に天秤を持ち、眼は閉じている。女神といえども、見た目に騙されやすいらしく、それを警戒してのことである。

ましてや人間であれば「見た目が九割」というのも、若者から大人まで共通する悲しい現実である。かつての小泉純一郎首相人気も、その一例だ。もっとも、私はあれがいい顔だとは思わないが、口が上手かったのは確かだ。

テレビタレントなら、それでもいい。私も美人を眺めるのは嫌いではないし、男のタレントも、最近はイケメンが増えたなあ、と思う。それが悪いことだとは思わない。だいたい、芸能人なら「見た目を磨く」こと自体が、職業上の努力のうちである。

しかし友人や政治家を選ぶ時には、巧言令色の人は避けたいものだ。

孔子は、どういう気持ちで、これを説いたのだろうか。

孔子の弟子たちは、経世済民を含む政治学を志しており、いわば高級官僚候補生である。孔子は未来の高級官僚である彼らに、言葉を飾って王侯（為政者）におもねるな、といっているのである。現代日本では、よく政治は官僚任せになっていると批判される。どうしてそれが問題になるのかといえば、官僚はけっきょく、国民全体ではなくて、官僚自身に有利なように物事を運ぶからである。「私利私欲のため」とまではいわないが、自分たちのグループである省庁のため、将来の自分を含むOBの天下り先のために、有利に政策を運営している……ということは、やっぱり私利私欲のために動いている、ということですね。

そんな官僚が暮らすお役所の言葉というのは、だいたいが「巧言」に満ちている。「前向きに検討」「善処」などというのは、「やる気がない」の言い換えだというのは、私が子供の頃から言われていた。近年では「効率的な運用、配分」というのがある。その言葉が示す実情は惨憺《さんたん》たるものだ。

社会福祉予算の「効率的配分」とは、ようするに金を出したくないということである。そのくせ、国民から集めた年金資金は役人が運用して、大損を続けている。お役所言葉では、損をすることが「効率的運用」であるらしい。もっとも、損をするのは国民であって、運用を担当する役所・役人には、何か得があるのかもしれない。他人が損をしても自分は決して損をしないのは、なるほど「効率的」かもしれないって、これではオレオレ詐欺に近いではないか。

政治家にも巧言令色の徒は少なくない。言うこととやることが、まったく違う政治家。見た目のかっこよさや話のうまさで選挙に通る政治家。この頃、何となくかっこいい政治家が増えたのは、偶然ではあるまい。メディアの関心も「美人議員」とか「イケメン議員」に集まりがちだ。リンカーンは「四十歳をすぎたら人間は自分の顔に責任を持たねばならない」といったが、「人間見た目が九割」現象は、有権者にとって決して賢明な選択ではない。

近年の日本で、もっとも人心操作術が巧みだったのは、小泉純一郎元首相だろう。彼の「劇場型政治」は「巧言令色」の典型だった。そもそも小泉氏は、首相に就任した直後、『米百俵』という訓話で国民を感動させた。これは明治維新で禄を失った武士たちが、これから自分たちの生活がどうなるか分からないのに、救援米の米百俵を後の世代のために学校を建てる資金としたという話だが、小泉政権が行った改革は、領民から百俵よけいに税を取り立てて、福祉は削り、自分たち国会議員の定数はひとつもリストラしないというものだった。「痛みを伴う改革」で、痛んだのは国民だけだった。改革のマイナス面が明らかになってきた時期の選挙では、自分は隠退し、子供に地盤を世襲させた。それでも未だに人気がある。その見事なマキャベリストぶりには、考えなしに放言をしてしまったり、「オレは偉いんだから、偉そうな顔をしていて何が悪い」然としている職業政治家諸氏は、営利のためには大いに学ぶべきだろう。

しかし孔子は、そういう偽者にはなるな、といっているのである。ちなみにリンカーンの言葉も、四十を過ぎたら、表面を飾るのではなく、自ずと内面からにじみ出てくるものがあるだろう、といいたかったのだと思う。決して「四十すぎたら、男の人もエステに行こう」というコマーシャルではないのである。

簡潔で正確な「言葉」を

○子曰《しい》はく、辞《じ》は達《たつ》して已《や》む。(衛霊公)

子曰、辭達而已矣。

〔通釈〕文辞は意味を正確に伝えられれば、それでいい（美辞麗句で飾り立てるのは、余計なことである）。

言葉の役目は、正確に伝えることである。美辞麗句で飾って、事実を隠蔽することではない。だが、容姿を飾るのが楽しいのと同様に、言葉の世界にも、飾りが満ちており、人々もまたそれを喜ぶ傾向がある。

有名で見た目がかっこいい芸能人やスポーツ選手に加えて、語り口が滑らかなアナウンサーやタレント学者に立候補を持ちかけるのが、与野党を問わず、政党の常套《じょうとう》手段になってしまった。そういう政党も情けないが、乗っかって政治家になるヤツもなるヤツである。お笑い芸人出身の政治家がもてはやされる傾向があるが、いまや政治家がお笑い的な口説《くぜつ》を勉強し、工夫している感すらある。本来、政治家が目指すべき「上手な話し方」というのは、政策や政治理念を分かりやすく伝える話し方のはずなのだが、聞き手を乗せてうまく調子を合わせる話し方を工夫している節がある。それが失敗して、「失言」になっているケースも多いのだが、うまくても困るのが巧言なのである。そういう政治家を選んでしまう有権者も有権者。「巧言令色《こうげんれいしょく》鮮《すくな》し仁《じん》」。気をつけましょう。

ところでこれは、政治だけでなく、経済にも応用できる訓戒だ。言葉巧みな勧誘に、ロクなものはない。私はコマーシャルを見ると、「こんなにたくさんの広告費が上乗せされている商品は買いたくない」と思ってしまう。そのくせ、毎日、新聞の本の広告だけは目を皿のようにして眺めては、つい注文してしまうのであるが。

ところで、宣伝に巧みな人間は、失敗した後も饒舌《じょうぜつ》なものである。

○子夏曰《しかい》はく、小人《しょうじん》の過《あやま》ちや必《かなら》ず文《かざ》る。（子張）

子夏曰、小人之過也必文。

〔通釈〕小人は自分の失敗を、何かと理由をつけて言い繕おうとする。

また、衛霊公篇には「過《あやま》って改《あらた》めざる、是《これ》を過《あやま》ちと謂《い》ふ」という言葉もある。言い訳をするというのは、自分の失敗を認めないということであり、失敗を認めないということは、それを改める機会を失うということである。どこの会社でも学校でも、上司や先生から失敗を咎《とが》められると、言い訳をして、相手が追及をやめると、うまくごまかしたつもりになる部下もしくは生徒がいるものだ。しかし世間はそんなにあまくない。先方が沈黙して、それ以上追及しなくなったのは、その人の下手な言い訳に騙されたからではない。「こいつには何を言っても無駄だな」と見捨てたから、黙ったのである。そうやって人間は、うまくやったつもりで、最初の失敗以上に大きな失策をしてしまっているのである。

しかし他人から見捨てられること以上に怖いのは、自分自身から見捨てられることだ。言い訳ばかりしていると、自分の失敗を失敗と認識できなくなる。失敗をイタイと感じたら、次は失敗しないように努力をすることが出来る。言い訳に努力する暇があったら、失敗をすばやく正確に把握して、同じ過ちを繰り返さないように努力するほうが、ずっといい。

しかし世間の側にも、よくない点がある。失敗を認めると、溺れる犬を叩くようにして、嵩《かさ》にかかって批判する。ところが、言い逃れが巧みな人間、非を非と認めずに自分の主張だけを繰り返す人間に、メディアは意外と簡単に騙されたりする。本当は騙されているのではないかもしれないが、面倒だし、次の話題が控えているので、適当なところで報道を止めてしまい、けっきょくは非を認めなかった政治家は生き残り、素直に反省した政治家は再起の機会をつぶされることも少なくない。

孔子は、言葉を飾り、多弁を弄《ろう》することを戒めている。だが、そればかりでなく、人の虚言欺瞞《ぎまん》に乗せられないようにせよとも教えている。

○子曰《しい》はく、巧言《こうげん》は徳《とく》を乱《みだ》る。小《しょう》を忍《しの》ばざれば則《すなは》ち大謀《たいぼう》を乱《みだ》る。（衛霊公）

子曰、巧言亂德。小不忍、則亂大謀。

〔通釈〕耳に心地よいうまい言葉は、道理を乱すものだ。小事に拘《こだわ》らず、これを耐え忍ばなければ、大事を成し遂げようという計画は乱れて、達成できない。

話し方がうまいとか、ちょっとした言い回しがうまく、気が利いているとかいったことは、小事に過ぎない。そんな瑣末《さまつ》なことにとらわれて、大切な話の趣旨、そして現実の行動を見誤ってはならない。

孔子の言葉は、それを為す為政者や指導者層に向けられたものだが、われわれ庶民は、自らの言動を慎むのに役立てるだけでなく、世の中を動かしている人々の言動を推し量る指針としても、これらの言葉はきわめて有用だ。

ディベート力は必要か

では、孔子が考える「いい話し方」とは、どんなものだろうか。

○子曰《しい》はく、君子《くんし》は言《げん》に訥《とつ》にして行《おこな》ひに敏《びん》ならんことを欲《ほっ》す。（里仁）

子曰、君子欲訥於言而敏於行。

〔通釈〕立派な人間は、言葉は朴訥《ぼくとつ》であってもよく（むしろ口数は控えめを心掛けるべきで）、行動は敏捷《びんしょう》であろうと努めるものだ。

これは「巧言令色鮮《すくな》し仁」を裏返して表現したものともいえる。寡黙であるということは、考えていないということではない。その逆だ。大望があり、その実現について熟慮しているからこそ、安易に語れないのである。

孔子はこうも述べている。

○子《し》曰《い》はく、古者言《いにしへげん》をこれ出《い》ださざるは躬《み》の逮《およ》ばざるを恥《は》づればなり。（里仁）

子曰、古者言之不出、恥躬之不逮也。

〔通釈〕古人が言葉を軽々しく用いなかったのは、自身の行動がそれに及ばないことを恥じる気持ちが強かったためだ。

○子《し》曰《い》はく、其《そ》の之《これ》を言《い》ふや怍《は》ぢざれば、則《すなは》ち之《これ》を為《な》すや難《かた》し。（憲問）

子曰、其言之不怍、則爲之也難。

〔通釈〕大言することを恥じる気持ちのない人間は（そもそも、それがいかに難しいかを慎重に検討していないので）、実行するのは難しい。

真剣に実行することを考えれば考えるほど、「自分にはこれこれが出来る」とは言い難くなる。

言葉は、言葉としてのみ、あるものではない。言葉は、その発言者の行動や人格と一体になって、初めて意味を持つ。言葉を発する者は、そこに自分の人格を賭ける覚悟で語るべきだし、聞く側は、言葉を「信じる」つもりならば、それを語る人間と運命を共にする覚悟で信じなければならない。言葉にはそれだけの重みがあるのである。

ただし、孔子の時代と現代では、政治の形態が大きく違っている。現代日本では、国家の主権は国民にある、とされている。しかし国民全員が、直接、政治に参加することは出来ない。だから自分の権利を委託するに足ると信じる人間を選挙で選び、政治を代行してもらうことになる。代議制民主主義である。先進国の多くもまた、同様のシステムを採っている。

そうした社会では、政治における言葉の比重は、どうしても大きくなる。選挙で実績を示せるのは、既成の政治家、それも与党側の政治家ばかりであり、そうした人が示せるのも過去の実績に限られている。これからどうするかは、やはり言葉で語るしかない。また有権者は、立候補者すべての人格を、私的に知ることはできず、だから言葉の端々に表れるちょっとした点に、政治家の人格を探るようなことになりがちだ。

「うまく説明すること」は、民主主義体制下では、政治家の必須の資質となっている。

何年か前に、大統領スタッフたちの活動を描いたテレビドラマシリーズがあったが、そこでは、スタッフたちはしばしば独自に世論調査を行い、世論動向を睨《にら》みながら政策を決定、さらには大統領のスピーチを一語一語厳密に検討し、どういう言葉を使うと支持率があがるかをシミュレーションする様子が、堂々と示されていた。

大統領に限らず、政治家の多くは、演説や発言内容を用意するスタッフを抱えている。その多くは宣伝のプロで、心理学などを踏まえながら、視聴者にとって耳触りのいい表現、ライバルを巧みに貶《おとし》める言葉（あまり露骨だと逆効果になってしまうので）をさぐっているという。選挙戦でも、こうしたプロたちが活躍していることはいうまでもない。そうしたことは、一種の政治の暗部だと思うのだが、今やアメリカでは常識となっており、多くの国民も知っている。知っていて、どうしてそういう宣伝上手に乗せられるのか、私には疑問なのだが、国民の側でも、適当に何割かは割り引いて聞いているのかもしれない。

日本でも小泉元首相は、この方式を取り入れていたといわれている。内閣府が独自の世論調査を頻繁に行い、その動向を演説での言葉選びや発表方法などに利用した。

いわばそれは、言葉によって人心を誘導するマインド・コントロール技法である。政治は勝った者勝ちだというのなら、それはたしかに賢い選択だろう。だが、道徳的には正しいことではない。

アメリカの民主主義体制には、必ずしも純粋に「民主的」といえない面もあって、アングロ・サクソンの伝統的慣習ないしは彼らの民族的感覚に由来しているものが少なくない。彼らはディベートを好み、論争による勝者を、「正当な権利者」とみなす。陪審員裁判では、しばしば真実の追究よりも、陪審員の感情を誘導することに巧みな弁護士が勝利する。そしてそれが、アングロ・サクソン流の「勝ち／負け」の感覚なのだ。

しかし孔子は、腕力・軍事力などによる強者を「正義」と見なさなかったのと同様、言論闘争によって相手を封殺する類の者も、「正義」とは見なさない。闘争の勝者は、必ずしも正義ではなく、抑圧者である可能性も高いというのは、腕力でも口説でも、同様なのである。

近頃の学校教育では、ディベート力の向上を目標の一つに掲げている。はっきり自己主張できることが大切だという。だが、自己主張は言葉だけでするものではない。行動が伴ってこそ、その人の言葉は説得力を持つ。

ディベート力を身につけるために、第一に身につけるべきは、話すためのテクニックではなく、相手の真意と性根を見抜く能力、相手の言葉と行動が矛盾していないかを冷静に検証する能力だろう。

ディベート力とは、いかに相手を言い負かすかという闘争力ではない。よく、勝つことを目的にして、わざと論点をずらした議論をする人がいるが、あれに何の意味があるのだろうか。ディベートの真の勝者は、議論に勝った人ではなく、議論を通して多くを学び、自らを高めえた人間である。討議を通じて、他者の見識を受け入れ、謙虚に学び、自らの糧《かて》とすることができれば、その人間の価値は高まる。

第四章　「礼」は形式ではなく、「中庸」は平凡ではない

礼儀は精神であり、作法のことではない

『論語』の道徳が古臭いと思われがちである理由のひとつに、礼儀作法や長幼の序についての記述が多いことがある。たしかに日本には馴染みの薄い礼儀や制度に関する記述もかなりあって、「これは教えなくてもいいか」と思うようなものも少なくない。

しかし孔子が生きた時代は大陸に多くの国家が林立し、騒乱の絶えない時代だった。打ち続く戦乱のために庶民も難儀しており、秩序の回復が重要だったから、ことさら礼儀や秩序が強調されたという側面もあったのかもしれない。

孔子は、どのような「礼」を重んじたのだろうか。

○子曰《しい》はく、「先進《せんしん》の礼楽《れいがく》に於《お》けるは野人《やじん》なり。後進《こうしん》の礼楽《れいがく》に於《お》けるは君子《くんし》なり。」如《も》し之《これ》を用《もち》ひば、則《すなは》ち吾《われ》は先進《せんしん》に従《したが》はん。（先進）

子曰、先進於禮樂、野人也。後進於禮樂、君子也。如用之、則吾從先進。

〔通釈〕古い時代の人々の礼儀や音楽は、未完成な素朴さにとどまっており、いわば粗野ですらあった。それに比べて後年の人々の礼儀や音楽は洗練され、きわめて立派だ。もし自分が礼儀や音楽を行うとしたら、私は古い時代の人々のそれに従いたい。

これは一瞬、意味を取り違えたかと戸惑いを覚える言葉だ。孔子は礼儀を重んじた人である。粗野と洗練だったら、洗練されているほうがいいと考えるのがふつうだと思う。だが、孔子は古い時代のそれに従いたいという。

孔子にとって礼儀や音楽は、儀礼的なものではなくて、自らの心を清め、他者との信頼を深めるために必要なものだった。

礼儀作法を作り出した先人たちは、確立された礼楽を、教養として、あるいは身だしなみとして身につけたのではなく、自分たちの気持ちを表す形式として、迷いながら作り出していったのである。孔子は、そうした人たちの精神にこそ、共鳴したのだろう。

孔子は「礼《れい》は其《そ》の奢《おご》らんよりは寧《むし》ろ倹《けん》せよ。喪《そう》は其《そ》の易《をさ》めんよりは寧《むし》ろ戚《せき》せよ」（八佾）とも述べている。儀式や葬礼は豪奢《ごうしゃ》であるよりも質素で心のこもったもののほうがよい。それが孔子の考える本物の礼のありようだ。儀式は人に見せるためにするものではなく、「礼を尽くす」そのこと自体のためにする。

次の二句も、そうした孔子のありようを示すものだ。

○子曰《しい》はく、人《ひと》にして不仁《ふじん》ならば礼《れい》をいかん。人《ひと》にして不仁《ふじん》ならば楽《がく》をいかん。（八佾）
子曰、人而不仁、如禮何。人而不仁、如樂何。
〔**通釈**〕その人が不仁で、心からそれをしていないのであれば、その人が行う「礼」に何の意味があるだろうか。その人が不仁であったなら、その人が生み出す音楽に何の感動があろうか（礼と楽は仁の心を根本にしているので、その根本が欠けていたら無価値だ）。

○子《し》曰《い》はく、礼《れい》と云《い》ひ礼《れい》と云《い》ふ、玉帛《ぎょくはく》を云《い》はんや。楽《がく》と云《い》ひ楽《がく》と云《い》ふ。鐘鼓《しょうこ》を云《い》はんや。
（陽貨）

子曰、禮云禮云、玉帛云乎哉。樂云樂云、鐘鼓云乎哉。

〔通釈〕礼儀で大切なのは礼儀を正しくするその精神のことであり、儀式での玉帛（玉や絹織物。贈り物）の扱い方ではない。音楽で大事なのは音楽の精神であって、鐘や太鼓の扱い方ではない。礼儀は、礼を尽くしたいという気持ちのありようのことである。儀式での所作や、頭を下げる角度がどうしたこうした、といったような話ではない。音楽というのも同様で、楽器の扱い方とか、演奏のテクニックのことではない。何よりマインドが大切なのだ——と言ったら、現代のロック・ミュージシャンの言葉のようだ。

礼儀とは、心を込めた「技術」でもある

とはいえ、気持ちがあれば、それだけでいいというものでもない。気持ちがあるなら、それをきちんと表すために努力をしなければならない。

○子《し》大廟《たいびょう》に入《い》りて事毎《ことごと》に問《と》ふ。或人《あるひと》曰《い》はく、「孰《たれ》か鄹人《すうひと》の子《こ》を礼《れい》を知《し》れりと謂《い》ふや。大《たい》廟《びょう》に入《い》りて事毎《ことごと》に問《と》ふ。」と。子《し》之《これ》を聞《き》いて曰《い》はく、「是《こ》れ礼《れい》なり。」（八佾）

子入大廟、毎事問。或曰、孰謂鄹人之子知禮乎。入大廟毎事問。子聞之曰、是禮也。

〔**通釈**〕孔子が周公の廟に入って祭礼に参与したとき、その礼式について事毎に人に尋ねた。ある人が言った。「誰が鄹人の子である彼は礼を知っているというだろうか。大廟に入って事毎に人に問うているではないか」と。孔子はこれをきいていった、「このように誤りがないように慎んで尋ね、学んで身につけようと努めるのは礼に適《かな》っている。」

○子《し》曰《い》はく、恭《きょう》にして礼《れい》なければ則《すなは》ち労《ろう》す。慎《しん》にして礼《れい》なければ則《すなは》ち葸《し》す。勇《ゆう》にして礼《れい》なければ則《すなは》ち乱《らん》す。直《ちょく》にして礼《れい》なければ則《すなは》ち絞《こう》す。君子《くんし》親《しん》に篤《あつ》ければ則《すなは》ち民《たみ》仁《じん》に興《おこ》り、故旧《こきゅう》遺《わす》れざれば則《すなは》ち民《たみ》偸《うす》からず。（泰伯）

子曰、恭而無禮則勞。愼而無禮則葸。勇而無禮則亂。直而無禮則絞。君子篤於親、則民興於仁。故舊不遺、則民不偸。

〔通釈〕恭《うやうや》しい尊敬の気持ちを抱いても、礼節をわきまえてそれを表さないと、うまく伝えられずに徒労に終わる。慎み深いのはいいことだが、礼節にしたがって行わないと、控えめすぎて何も成し遂げられない。勇気があるのはいいことだが、礼節をわきまえていないと、単なる乱暴と変わらなくなってしまう。正直なのはいいことだが、礼節をわきまえていないと、率直すぎて他人を傷つけてしまう。どんな美徳も礼節を欠くと弊害が生じやすい。人の上に立つ者が近親に手厚く礼を尽くすなら、下の者も主君の仁に感銘を受けてこれを見習うだろう。主君が古い知り合いのことも忘れずに、礼をもって遇すれば、民もこれを見習って情が薄くなったりはしないだろう。

礼儀作法とは、いわば身体で表現する言葉である。共通言語を話さなければ、相手に気持ちが通じない。相手に分かるように話すというのも、思いやりのひとつであり、そこには立派に精神性がある。虚飾ではなく、誠意が伝わるように表現力を磨くことが、礼楽の基本なのである。

古代ギリシャの医祖ヒポクラテスは「人に対する愛のあるところには、技術に対する愛もある」と述べている。礼儀とは、人への敬愛の気持ちを表す、心を込めた技術である。

礼儀は上に立つ者にこそ必要なもの

○定公《ていこう》問《と》ふ、「君《きみ》、臣《しん》を使《つか》ひ、臣《しん》、君《きみ》に事《つか》ふること、之《これ》をいかん。」孔子《こうし》対《こた》へて曰《い》はく、「君《きみ》、臣《しん》を使《つか》ふに礼《れい》を以《もつ》てし、臣《しん》、君《きみ》に事《つか》ふるに忠《ちゅう》を以《もつ》てす。」（八佾）

定公問、君使臣、臣事君、如之何。孔子對曰、君使臣以禮、臣事君以忠。

〔通釈〕定公が問うた。「主君が臣下を使い、臣下が主君に仕えるには、どのような道があるのか。」先生は言った。「主君は臣下を使うに礼儀を忘れず、臣下は主君に仕えるには忠義を尽くすことです。」

儒学は支配者にとって都合のいい思想だ、と考えられている。しかし『論語』を読むと、実は支配者を戒め、これを善導することが、孔子の目的だったことは明白である。

孔子が身分秩序を重んずるように説いているのは、支配者層が権力争いをしていると、下々のものが困るからだ。社長と副社長と専務が、それぞれ違う指示を出していたら、部下は困るだろう。「臣」というのは「民」ではなく、王侯に仕える者、ようするに高級官僚や軍人などである。孔子はそうした臣下が、王侯を差し置いて権力を握り政治を私物化したり、軍事クーデターを起こさないように戒めているのだ。

これには現実的な事情もあった。孔子が生まれた魯国では、主家を抑えて分家である孟《もう》孫《そん》・叔孫《しゅくそん》・季孫《きそん》（三桓《さんかん》と呼ばれた）が権力を握っており、とうとう君主の昭公は斉国に亡命するに至った。それから七年の間、魯は三桓による寡頭政治が行われた。もともと彼らが政治を牛耳っていたのだが、それにしても君主が亡命して不在というのは、国民にとっても不安な状況だっただろう。

孔子は昭公のあとを追うようにして斉に移り、当地の名族である高氏の家臣になったといわれている。こうしたありようは、魯国に残った者から見れば、一種の反逆であった。当時、中原の地はいくつもの国に分かれて相争っていたので、自らの才知を頼りに祖国を捨てて他の国で出世栄達を図る者も少なくなかった。彼らは「盗」と呼ばれた。祖国の側にとっては反逆者であり、新たに迎え入れられた国でも、代々の家臣からは胡散《うさん》臭く見られた。

孔子もまた、そうした人々の一人と見なされていた。礼節の人である孔子に「盗」とは、後代からは考えられない呼称だが、それが時代というものだった。それほどに人々の心は荒《すさ》み、条理は混乱していたのである。ここに「礼」の必要性が痛感される。

仁は得難く、しかしどこにでもある

礼は目に見えるし、音楽は耳に聞くことができる。どれが心のこもった演奏で、どれがおざなりかは、聞くだけの素人にも、何となく分かるような気がする。しかしその精神は「これこれ」とは示し難い。孔子が重んずる「仁」とはなにか。分かるようで、これがとても分かり難い。

○孟武伯《もうぶはく》問《と》ふ。「子路《しろ》仁《じん》なるか。」子曰《しい》はく、「知《し》らず。」又《また》問《と》ふ。子曰《しい》はく、「由《ゆう》や千乗《せんじょう》の国《くに》其《そ》の賦《ふ》を治《をさ》めしむべし。其《そ》の仁《じん》を知《し》らず。」「求《きゅう》やいかん。」子曰《しい》はく、「求《きゅう》や千室《せんしつ》の邑《ゆう》、百乗《ひゃくじょう》の家《いへ》、之《これ》が宰《さい》たらしむべし。其《そ》の仁《じん》を知《し》らず。」「赤《せき》やいかん。」子曰《しい》はく、「赤《せき》や束帯《そくたい》して朝《ちょう》に立《た》ち、賓客《ひんかく》と言《い》はしむべし。其《そ》の仁《じん》を知《し》らず。」（公冶長）

孟武伯問。子路仁乎。子曰、不知也。又問。子曰、由也、千乘之國、可使治其賦也。不知其仁也。求也何如。子曰、求也、千室之邑、百乘之家、可使爲之宰也。不知其仁也。赤也何如。子曰、赤也束帶立於朝、可使與賓客言也。不知其仁也。

〔通釈〕魯の大夫である孟武伯が尋ねた。「子路は仁といっていい人物でしょうか。」孔子は「知りません。」としか言わない。重ねて問うと、孔子は言った。「由（子路の名）は兵車千乗も有する大諸侯に仕え、その兵を指揮して立派な功績を挙げられる義勇のものです。しかし仁であるかどうかは知りません。」武伯は「冉求《ぜんきゅう》はどうですか。」と尋ねた。孔子は「求は千戸ほどの大邑の代官、あるいは兵車百乗を有する卿大夫の家老となれば、立派にこれを治めるでしょう。しかし仁であるかどうかは知りません。」と答えた。さらに武伯は「公西赤はどうですか。」と問うた。孔子は「赤は束帯の礼装で朝廷に仕えれば、賓客の応対を立派に勤めるでしょう。しかし仁であるかどうかは知りません。」と答えた。

○顔淵《がんえん》仁《じん》を問《と》ふ。子曰《しい》はく、「己《おのれ》に克《か》ち礼《れい》に復《かへ》るを仁《じん》と為《な》す。一日《いちじつ》も己《おのれ》に克《か》ち礼《れい》に復《かへ》れば天下《てんか》仁《じん》を帰《ゆる》す。仁《じん》を為《な》すこと己《おのれ》に由《よ》る、人《じん》に由《よ》らんや。」顔淵《がんえん》曰《い》はく、「其《そ》の目《もく》を請《こ》ひ問《と》ふ。」子曰《しい》はく、「礼《れい》に非《あら》ざれば視《み》ること勿《なか》れ。礼《れい》に非《あら》ざれば聴《き》くこと勿《なか》れ。礼《れい》に非《あら》ざれば言《い》ふこと勿《なか》れ。礼《れい》に非《あら》ざれば動《うご》くこと勿《なか》れ。」顔淵曰《がんえんい》はく、「回《かい》、不敏《ふびん》と雖《いへど》も、請《こ》ふ斯《こ》の語《ご》を事《こと》とせん。」（顔淵）

顔淵問仁。子曰、克己復禮爲仁。一日克己復禮、天下歸仁焉。爲仁由己。而由人乎哉。顔淵曰、請問其目。子曰、非禮勿視。非禮勿聽。非禮勿言。非禮勿動。顔淵曰、回雖不敏、請事斯語矣。

〔**通釈**〕顔淵が仁について尋ねた。先生が答えて言った。「人が自分の私利私欲や身勝手な思い込みに打ち勝って、自然に振舞っても中正なる礼節の根本に立ち帰って道に外れることがなければ、〈正しい本来〉である仁に到達することが出来るだろう。たとえ一日でも、完璧に身を慎んで自己の我執に打ち勝ち、礼に立ち戻ることが出来れば、世界中の人々に仁のすばらしさが伝わるだろう。仁を行えるようになれるかどうかは、まったく自分自身の努力次第であり、他人とは関係がない。」と。顔淵は言った。「どうか、そのようになるための具体的な修行研鑽の項目をお教えください。」先生は言った。「礼に外れたことは見ず、礼に外れたことは聞かず、礼に外れたことは言わず、礼に外れたことは行わないようにせよ。」顔淵は言った。「私（回は顔淵の名）は愚かな者ですが、教えていただいた言葉を、実行するべく、ひたすら努めたいと思います。」と。

孔子は人のなかに義や知や勇を認め、これを評価する言葉を残している。孔子の弟子の子路は義に篤《あつ》く、勇猛な男だ。子貢は知的好奇心に優れ、世知にも長《た》けていた。冉求は多芸であり、公西赤は礼法に詳しい。孔子は彼らのひとりひとりの美質を認めていた。しかし仁については、生身の人間にそれを認めることはほとんどなかった。もっとも期待をかけていた顔淵に対しても、仁者であるとは述べていない。

孔子は仁というものを、徳性のイデアのように想定していたのだろうか。人はどのようにすれば、その地上に見出しがたい理想を、知ることができるのか。

「礼に外れたことを見ない」といっても、それは単にそのようなものを見ないように、目を背けるということではないだろう。見るとは眼で見るだけでなく、心で感じることもふくまれる。「あそこで礼に外れたことが行われているようだから、それは見ないようにしよう」と考えるとき、すでにその人は「礼に外れたこと」の存在を知ってしまっている。知っていて知らないふりをするのは、それ自体、礼に外れるだろう。つまり、「礼《れい》に非《あら》ざれば視《み》ること勿《なか》れ」とは、「自らの目の届く限りのすべての礼ならざるものを、正し改めるよう努めよ」ということでもある。そのためには非礼な出来事を排除してもはじまらない。非礼なる者すべてを矯正善導して、非礼が生まれるような歪《ゆが》みそのものを根絶しなければならない。つまり他者の感化を必然的に含んでいる。

だからこそ「仁《じん》を為《な》すこと己《おのれ》に由《よ》る、人《じん》に由《よ》らんや」と、わざわざ述べているのだろう。

○子曰《しい》はく、仁遠《じんとほ》からんや。我仁《われじん》を欲《ほつ》すれば斯《ここ》に仁至《じんいた》る。〈述而〉

子曰、仁遠乎哉。我欲仁斯仁至矣。

〔通釈〕仁は遼遠《りようえん》にして、接し得ないものなのだろうか。そんなことはない。人が仁を心の底から求めるならば、仁はその心そのものが達成するものなのだから、すぐにでも現れ得るのである。

孔子は仁の困難さを繰り返し語っていた。その一方で、望めば仁は現れるという。では仁は、世に得がたいのか、得やすいのか。

たぶん、得がたいのである。なぜなら、真に仁を望むこと自体が困難だからだ。ほとんどの人間は、仁ではなく、富や栄光や安楽を求めている。仁を望んでいると自分では思っている善人でも、その人が望んでいる道徳の中身は、義や勇や知にとどまっている。真に仁が何かを知らなければ、仁を望むことは出来ないが、すべての人々の幸福と向上を望む仁の精神は、分かりやすそうでいて、分かりにくく、だから得がたいのだろう。

『聖書』だと「求めよ、さらば与えられん」というキリストの言葉が、これに近いのではないだろうか。神の恩寵は、求めるものには与えられる、とキリストはいう。しかし人々は、真に神の救いを求めない。ただ、今現在の困難からの救いや、永遠の命、さらには栄光や平穏や財貨さえも祈るのである。永遠の命がほしくて神に祈るものは、「永遠の命」に祈っているのであって、神に祈っているのではないのではないか。神の恩寵は、神が人に下さるものであって、人が神に請求書を送りつけるようなものではない。

これは罪の悔い改めに関しても、いえるだろう。

キリスト教では、罪を告白（告解）する者は許される。しかし、「許す」のは神の権能であって、人の権利ではない。「許されるはずだ」と思いながら告解しても、それは告解ではないのではないか。「悔い改めれば許されるはずだ。それを許さないのは、許さないやつが悪い」というのは、悔い改めたものの思考ではない。本当の反省は、「自分は許されるべきではない」という後悔と贖罪《しょくざい》を伴うはずで、「謝罪したから、もういい」というのは、許す側が考えればいいことであって、罪を自覚するものの念頭に浮かんだとすれば、それは反省の不足しか意味しない。

仁というのは、それだけを取り出してどうこういうものではないのかもしれない。まごころとか正直な気持ちというのに近いのだろうか。だが、まごころは時に誤解され、正直さは時として他人を傷つけることがある。しかし仁は、正直なまごころのあらわれでありながら、まったく礼に適い、他人の心に誤らずに染みとおって、音楽のように響くものなのだと思う。その達成には、均整が取れたありよう、つまり中庸であることが大切だとされる。

中庸とは、偏らず、すべてに秀でること

『中庸』には「偏《かたよ》らざるをこれ中《ちゅう》と謂《い》ひ、易《か》わらざるをこれ庸《よう》と謂《い》ふ。中《ちゅう》は天下《てんか》の正道《せいどう》にして、庸《よう》は天下《てんか》の定理《じょうり》なり」とある。

中庸とは、当たり前であること、当たり前にすごいこと、すごさが目立たないほどすべてが整っている状態である。だから中庸に至るための修練は、平凡で地味で、しかし実行するのが難しい日常的な努力にかかっている。

○子曰《しい》はく、中庸《ちゅうよう》の徳《とく》たる、其《そ》れ至《いた》れるかな。民鮮《たみすく》なきこと久《ひさ》し。（雍也）

子曰、中庸之爲徳也、其至矣乎、民鮮久矣。

〔通釈〕中庸、すなわち過不足なくバランスが取れていて偏ったところがないというのは、徳のなかでも最もすばらしいものだ。だが、そのような徳のあり方が、人々の間で見られなくなって久しいのである。

画家のカラバッジョが葡萄《ぶどう》を取る農夫を描いていたところ、窓から鳥が入ってきて、絵のなかの葡萄を本物と間違えてぶつかった。人々は画家を賞賛したが、本人は浮かぬ顔で「農夫がもっとよくかけていれば鳥は近寄らなかったはずだ」と述べたという。中庸とは、ちょうど完璧に描かれた絵のようなものなのだろう。一部分だけ優れたところが際立っていると、人々の目はそこに集中する。鳥の目さえもが欺《あざむ》かれる。しかしすべてが完璧だと、どこをほめたらいいか分からない。「美は乱調にあり」といわれるのも、ようするに多少の歪《ゆが》みがあったほうが、「分かりやすい」のである。しかしそれが本当に美の極限なのかどうかは、分からない。分かりやすいだけで、やはりそれは究極の美ではないのではないか。

均整が取れていて、一見するとそのすごさが分からずに平凡に見えるもの。そんなものはつまらない、とわれわれは思いがちだ。特に若いときは、派手でエキセントリックなものに、何となく惹《ひ》かれる。だが、華やかに見えるものは、全体の一部分だけが目立っているにすぎず、本質的には歪んだものに過ぎない、と孔子は考えていた。

サーカスの綱渡りは、危なそうに見えるからこそ、観客はハラハラドキドキと興奮するのだ。もし綱の上を、まったく危なげもなく、地面を歩くようにまっすぐ、すたすたと歩いたならば、観客はそれを「すごい」とは感じないだろう。だが優れているのは、平然と歩いているほうなのである。テレビで、つまらないことにも大きなリアクションで反応する芸人をよく見かける。彼らは彼らなりに努力をしているのだろうが、やたらテンションが高い芸というのは、飽きられるのも早い。

また中庸とは、在るべきものを在るべきところに置き、所をたがえないということだ。人間は自分の利益をはかって、つい物事を歪めてしまう。自分個人だけでなく「国家のため」「家族のため」「会社のため」という大義名分がついたら、相当な悪事も英雄的行為にすりかえられてしまうことがある。しかし、そうした偏りを排する勇気と思慮深さが中庸というものだ。

とはいえ不偏不党というのは、ともすれば旗幟《きし》不鮮明に見えてしまうことがある。熟慮は優柔不断と区別し難い。だが中庸は、そうした誤解や圧力にも屈しない強さでもある。

○子貢《しこう》曰《い》はく、「君子《くんし》も亦悪《またにく》むことあるか。」子曰《しい》はく、「悪《にく》むことあり。人《ひと》の悪《あく》を称《しょう》する者《もの》を悪《にく》む。下流《かりゅう》に居《ゐ》て上《かみ》を訕《そし》る者《もの》を悪《にく》む。勇《ゆう》にして礼《れい》なき者《もの》を悪《にく》む。果敢《かかん》にして窒《ふさ》がる者《もの》を悪《にく》む。」曰《い》はく、「賜《し》も亦悪《またにく》むことあるか。」「徼《うかが》うて以《もつ》て知《ち》と為《な》す者《もの》を悪《にく》む。不《ふ》孫《そん》にして以《もつ》て勇《ゆう》となす者《もの》を悪《にく》む。訐《あば》いて以《もつ》て直《ちょく》となす者《もの》を悪《にく》む。」（陽貨）

子貢曰、君子亦有惡乎。子曰、有惡。惡稱人之惡者。惡居下流而訕上者。惡勇而無禮者。惡果敢而窒者。曰、賜也亦有惡乎。惡徼以爲知者。惡不孫以爲勇者。惡訐以爲直者。

〔**通釈**〕子貢が言った。「温厚で人格が優れた人間でも、人を憎むことはありますか。」先生は言った。「憎むことは、ある。立派な人間は善を愛し悪を憎むものであるが、他人の悪事をあげつらって騒ぎ立てるものを憎む。部下でありながら、自分が仕えている上の人を謗《そし》って、揚げ足を取ろうとするものを憎む。勇気だけがあって礼儀を弁《わきま》えない乱暴者を憎む。果敢に猪突猛進するばかりで、物事の道理に通じずに道を踏み外してしまう者を憎む。」（先生が逆に子貢に）言った。「賜《し》（子貢の名）よ。お前も憎むことはあるか。」「人から教わったことを自分の知恵であるかのようにする者を憎みます。礼儀を弁えずに、まるで自分が偉いものであるかのように不遜な態度を取る者を憎みます。人の秘密を暴き立てて真実を尊重しているかのように思い込んでいる者を憎みます。」

節度の大切さ、独善への戒め

仁を求め、中庸を保つことは難しい。その際のいちばんの敵は、外部ではなく、自分の心の中にある。

○子曰《しい》はく、人《ひと》の生《い》くるや直《ちょく》なり。之《これ》を罔《な》みして生《い》くるや幸《さいは》ひにして免《まぬか》るるなり。（雍也）

子曰、人之生也直。罔之生也幸而免。

〔通釈〕人が生きるには生きるうえでの道理があり、これをまっすぐに行えば難なく生きられる。これを無視して道に外れた生き方をしていれば、どこかでその生は行き詰るのであり、もしこれまで無事に生きてきたのだとすれば、それはたまたま幸いにして、死を免れて来たに過ぎない。

○子曰《しい》はく、約《やく》を以《もっ》て之《これ》を失《うしな》ふ者《もの》は鮮《すくな》し。（里仁）

子曰、以約失之者、鮮矣。

〔通釈〕身を慎んで世の定めに従っていれば、過ちを犯すことはほとんどない。

これは、志を抱いたばかりのものへの訓戒ではないかと思う。大志を抱くと、気分が高揚し、今すぐにでも何かをしなければならない、とあせりに捕らわれる。特に若者はせっかちである。しかし、そうやって性急に起こした行動は、しばしば間違っており、はた迷惑であることも少なくない。いずれも、中庸を欠いた独りよがりの独善への戒めを含んでいる。

○子曰《しい》はく、徳孤《とくこ》ならず、必《かなら》ず鄰有《りんあ》り。（里仁）

子曰、徳不孤、必有鄰。

〔通釈〕徳は孤立するものではない。必ず慕《した》って、人が集って来るものである。

「自分は正しいことをしている」と考えている人間は、独善に陥りやすい。世知辛い世の中では、バカ正直の正義漢は孤立するものだ、という見方もあるだろう。実際、そういう側面もある。しかしそのようななかにあっても、本当に正しいあり方を貫いていれば、少数かもしれないが必ず賛同者は現れる。

孤立するだけの「正義」は、実は本当の正義ではないというのが、孔子の考えだった。本当の徳とは、自然に周囲の人を感化し、徳へと導くものだ。そこまで行かなければならない、というのが孔子の考えであろう。だから、少数であっても、自分の志に共鳴してくれる有志が現れてくれるかどうかは、自分が独善に陥っていないかどうかの、ひとつのチェックポイントだった。

孔子自身のありようについては、次のようなことがいわれている。

○子《し》、四《し》を絶《た》つ。意《い》なく、必《ひつ》なく、固《こ》なく、我《が》なし。（子罕）

子絶四。毋意、毋必、毋固、毋我。

〔通釈〕孔子先生は人にありがちの四つの欠点が絶えてなかった。勝手な心を持たず、無理押しすることなく、固執することなく、欲張ることがなかった。

ただし孔子は、道を求めることにかけては貪欲で、それが世間からは奇矯《ききょう》な執着のようにさえ見られていたのも事実だ。しかし中庸なのは孔子のほうである。われわれは怠惰に偏っている。

第五章　奇跡なんて、いらない

真理探究に、別の道はない

○子曰《しい》はく、異端《いたん》を攻《をさ》むるは斯《こ》れ害《がい》のみ。（為政）

子曰、攻乎異端、斯害也已。

〔通釈〕 学問を探求するのに、聖人の道以外の異端別派を攻求することは、害があるだけで役に立たない。

私はこの言葉を、「学問にうまい話だの、一発逆転だのというものはない。正攻法がいちばんの近道だ」と理解した。ついでにいうと、これは勉強だけでなく、仕事や投資でも同じだと思う。仕事に楽な仕事、うまい儲け話などというものはない。理に適《かな》ったことが、けっきょくは一番であり、うまくやろうとすればするほど、人はまずいことになりがちなのである。

『徒然草』には、僧侶になろうと思って、修行に励むよりも先に、檀家に呼ばれて出かけるときのために乗馬を習い、宴会で芸の一つも出来なければと謡《うたい》を学ぶ男の話が出てくる。芸能人になりたいと思って、発声法やダンスのレッスンを受けるよりも先に、まずサインの練習をする類《たぐい》だ。こういうのは、夢を目指しているようでいて、楽な夢想に浸っているに過ぎず、かえって目標から遠ざかってしまうものだ。

胡散臭い、下品な話題を遠ざける

○子《し》、怪《かい》・力《りょく》・乱《らん》・神《しん》を語《かた》らず。（述而）

子不語怪・力・亂・神。

〔通釈〕孔子は怪しげなこと、乱暴な行為、乱脈なこと、神秘的なことについては、語らなかった。

怪・力・乱・神は、いずれも胡散《うさん》臭いものである。だが、だからこそ面白い。私が友達と話すことといったら、ほとんどがこれである。反省している。しかし世の中、私みたいな人間は多くて、テレビをつければ、やっぱり怪力乱神ばかりである。

人は噂話が好きだ。誰と誰が付き合っているとか、別れたとか。不思議な出来事とか、占いとか。

石川啄木は、日露戦争後の不景気な時代、人々が寄るとさわると、挨拶代わりのように「何か面白いことはないか」という言葉を口にするのを聞いて、「不吉」だと述べていた。実は私も、ついついこれを口にする。何かネタになるような話、ようするに怪力乱神を求めているのである。反省している。

ちなみに、「年収が十倍になる方法」とか「本が十倍早く読める」などといった話も、怪力乱神だと思う。胡散臭い儲け話は、みんなこの類だ。なるべく耳に入れたくないものである。ところが胡散臭い業者に限って、頼みもしないのに電話などかけてくる。そんな投資話の謳《うた》い文句のなかに、ひとつだけ感心したものがあった。「宝くじみたいに夢のある投資」というのに、妙に感心した。宝くじというのは一種の博打で、しかも買い手のほとんどが損をすることは、はじめから決まっている。これで確実に儲かるのは胴元だけだ。ようするにこの謳い文句は「客を引っ掛ければウチの会社は儲かるという夢がある話」といっているわけで、嘘ではない。しかし巧言ではある。孔子が巧言を嫌ったのは、それがやはり一種の怪力乱神だったからだろう。「面白い話」「旨い話」を求めていると、人間が卑《いや》しくなり、面白くない事態に陥ってしまうのである。

死後を思う暇があるなら、生を磨くことに費やせ

○季路《きろ》、鬼神《きしん》に事《つか》ふることを問《と》ふ。子曰《しい》はく、「未《いま》だ人《ひと》に事《つか》ふること能《あた》はず。焉《いづく》んぞ能《よ》く鬼《き》に事《つか》へん。」敢《あ》へて死《し》を問《と》ふ。曰《い》はく、「未《いま》だ生《せい》を知《し》らず、焉《いづく》んぞ死《し》を知《し》らん。」（先進）

季路問事鬼神。子曰、未能事人。焉能事鬼。敢問死。曰、未知生。焉知死。

〔通釈〕季路（子路）が、鬼神に仕えるにはどうしたらいいかを尋ねた。先生は言った。「未だに、人に誠心誠意仕えることが出来ないのに、どうして鬼神に仕えることができようか。」そこで子路は、敢えて死について尋ねた。先生は言った。「未だに、よく生きるというのがどういうことかわからないのに、どうして死の何たるかを知ることが出来ようか。」

孔子は無神論者というわけではなかった。祖先の霊を祀ることに関しては熱心だし、必要な祭祀をとりおこなう場合には、礼の尽くし方について深く研究もしている。しかし、死後の世界を信じていたのかというと、どうも分からない。

礼を尽くしたいというのは、こちらの気持ちである。それが相手に通じるかどうか（相手が死者なら、「死者」が別世界にいるのかどうか）は、二の次だ。こちらの気持ちが相手に通じて、それで相手がこちらのことを気遣ってくれたら、得をする――という考え方は、利害感情であって、礼節にもとる。死者を祀ることが利害であっていいわけがない。

孔子は「人に仕える」ことも利害ではなく、礼節の問題として扱っていた。もちろん臣下は、禄をもらって仕えているのだが、「これくらいの給料なんだから、この程度の働き方でいいか」などと考えずに、誠心誠意、自分に与えられた仕事に努めるべきだと考えていた。孔子が鬼神に仕えることに慎重なのは、そこに超自然的な利益を願う人々の醜い心を感じたからではないだろうか。

死や死後の世界について考えても、けっきょくは何も知ることはできない。迷信にとらわれ、オカルトにはまり、理性を損なうのがオチだ。

オカルトに救いを求めない

○樊遲《はんち》、知《ち》を問《と》ふ。子曰《しい》はく、「民《たみ》の義《ぎ》を務《つと》め、鬼神《きしん》を敬《けい》して之《これ》に遠《とほ》ざかる。知《ち》と謂《い》ふべし。」仁《じん》を問《と》ふ。曰《い》はく、「仁者《じんしゃ》は難《かた》きを先《さき》にして獲《う》るを後《のち》にす。仁《じん》と謂《い》ふべし。」（雍也）

樊遲問知。子曰、務民之義、敬鬼神而遠之。可謂知矣。問仁。曰、仁者先難而後獲。可謂仁矣。

〔通釈〕樊遅が知とはどういうものかを問うた。先生は言った。「人として行うべきことに専心し、先祖の霊や神仏はこれを敬って、しかし恩恵を期待して祈りを捧げたりすることに無駄な時間を費やさなければ、『知』ということができるだろう。」樊遅は仁について も問うた。先生は言った。「仁者は困難な努力、研鑽をまず行い、その効用を得ることは後回しにするものである。そのように振舞えるなら、仁といえるだろう。」

孔子が死者を祀るのは、あくまで礼儀としてである。だが神霊を「敬して」といっているからには、その存在を否定はしていない。「ある」として祀るのは確かだ。では「遠ざく」とはどういうことか。

孔子が生きていた時代には、死者の霊からの啓示とか、神霊のお告げと称して世を惑わす者が少なくなかった（この類のいかがわしい者は、現代ですらいる）。民衆の側にも、神霊を祀ることで現世利益を願うような風潮がはびこっていた。孔子は、自分の日頃の努力から得られる以上の利益を、鬼神の力を借りてでも得たいと願うような人間の強欲と怠惰を、強く戒めているのだと思う。

孔子が鬼神を祀る場合、死者への敬意や感謝は本物だが、祭祀によって死者の霊が慰められるかどうかは分からないとした。ましてや、祭祀を行うことによって、自分が何らかの恩恵に浴しようとは思わない。それこそが真に、死者を「敬する」ということなのだと思う。

（述而）

○子《し》の疾《やまひ》、病《へい》なり。子路《しろ》禱《いの》らんと請《こ》ふ。子《し》曰《い》はく、「諸《これ》ありや。」子路《しろ》対《こた》へて曰《い》はく、「之《これ》あり。誄《るい》に曰《い》はく、『爾《なんぢ》を上下《しょうか》の神祇《しんぎ》に禱《いの》る』と。」子《し》曰《い》はく、「丘《きゅう》の禱《いの》ること久《ひさ》し。」

子疾、病。子路請禱。子曰、有諸。子路對曰、有之。誄曰、禱爾于上下神祇。子曰、丘之禱久矣。

〔通釈〕孔子が重い病気になった際、子路が心配して、健康回復のために鬼神に祈禱《きとう》をしたいと願うと、孔子は礼節をもって祈るべきものには昔から祈っているから、祈禱は必要ない」と退けたのである。

孔子の祈りは、いつも「礼」として行われる。故人（自分の先祖、死んだ知人、仕える国家の祖）なり、人々から信仰を集めている鬼神（当時はまだ仏教は伝来していなかった）に対して礼拝するとき、孔子はその偉大さや徳義を讃える気持ちをもって、敬虔《けいけん》に礼を尽くしたのだろう。しかし、何らかの利益を望んで祈ることはなかったのではないか。えられるものは自分たちの努力で獲得するのが人間だ、と孔子は思っていた。鬼神を祀り、これに敬虔な気持ちで礼拝することは、人間が慢心しないために意義があるが、鬼神に実利を頼むのは道に外れる。

初詣に行くと、私は家族の健康や長生きや、その他いろいろを祈る。私はその点、孔子の徒ではなく、鬼神に祈る迷妄の徒である。でも、神頼みしながらも、お賽銭《さいせん》を捧げる人の願いだけ聞いてくれる神様がいるとしたら、それはなんだか利権斡旋《あっせん》に長《た》けた政治家みたいだな、と思わないでもない。

W・W・ジェイコブズの「猿の手」という有名な怪奇小説がある。不思議な猿の手のミイラがあって、その指を折りながら祈ると、願いが叶うという。だが、願いがかなえられるたびに、その人はかえって不幸になるのである。自分自身の努力に見合っていない不当な欲望は、たとえ万一、鬼神によってかなえられても、人間を不幸にするだけだ。

その「鬼」は、何者であるか

○子曰《しい》はく、其《そ》の鬼《き》に非《あら》ずして而《しか》して之《これ》を祭《まつ》るは諂《へつら》ふなり。義《ぎ》を見《み》て為《な》さざるは勇《ゆう》なきなり。（為政）

子曰、非其鬼而祭之、諂也。見義不爲、無勇也。

〔通釈〕自身の鬼（死んだ祖先の霊）でもないのにこれを祀るのは諂《へつら》いであり、誤りである。道理の上から考えて為すべきと思われることを進んでしようとしないのは、勇気がないのである。

自分の祖先でもないのに、上司や権力者の墓に参り、あるいはその霊を祀ることが、当時の中国ではあったらしい。これは死者を敬っているのではなくて、今現在の上司や権力者に媚《こ》び諂《へつら》っての行為だ。また自分はその家系のものではないのに、君公の神霊を祀る者もいた。あたかも自身をその家系に属するものであるかのように擬しているのであり「敬う」どころかこれを侵犯する行為だった。そこには王位簒奪《さんだつ》の野望すら、透けて見えている。

そう考えると、ここに「義《ぎ》を見《み》て為《な》さざるは勇《ゆう》なきなり」という言葉が続いている必然性が、よく分かる。祀るべきでないものを祀るのは、人間としての信義にもとる行為なのである。

ところで私は「鬼」というと、なぜか資本主義を思い浮かべてしまう。巨大な力を持っていながら、姿が見えず、つかみどころがなく、こちらの欲望を吸い上げて、ますます肥大化するところが「鬼」のように思われるのである。誰でもそれぞれに心の中に鬼（欲望）を飼っている。その内なる鬼は、しばしば自分を苦しめるし、時には自分を駆り立てて励ましもする。だが、自分自身の鬼であれば、生涯どうにかこれをうまく祀り、なだめすかして暴れないように御さなければならない。

だが、高度資本主義経済は、存在しない欲望をあえて喚起し、食い物にしようというとんでもないシステムだ。鬼を食らう鬼。本当に自分に必要ではないのに、欲望を駆り立てられるのは、時流に諂っているのである。自分らしくあろうとするなら、そういう風潮にあえて乗らないという勇気を持たなければならない。――『論語』のもともとの意味からは離れてしまったが、まじめな話、その教えにわが身を照らせば、色々な形でわれわれの人生に役に立てることができる。

第六章　お金との付き合い方

立派な態度について

世の中、金がすべてではないが、「金がかなり」なのも事実だ。孔子は金について、どのように考えていたのだろうか。

○子《し》曰《い》はく、富《ふ》と貴《き》とは是人《これひと》の欲《ほつ》する所《ところ》なり。其《そ》の道《みち》を以《もつ》てせずして之《これ》を得《う》れば処《を》らざるなり。貧《ひん》と賤《せん》とは是人《これひと》の悪《にく》む所《ところ》なり。其《そ》の道《みち》を以《もつ》てせずして之《これ》を得《う》れば去《さ》らざるなり。君子《くんし》仁《じん》を去《さ》らば悪《いづく》にか名《な》を成《な》さん。君子《くんし》は終食《しゅうしょく》の間《あひだ》も仁《じん》に違《たが》ふことなし。造次《ぞうじ》にも必《かなら》ず是《ここ》に於《おい》てし、顚沛《てんぱい》にも必《かなら》ず是《ここ》に於《おい》てす。（里仁）

子曰、富與貴、是人之所欲也。不以其道得之、不處也。貧與賤、是人之所惡也。不以其道得之、不去也。君子去仁、惡乎成名。君子無終食之間違仁。造次必於是、顚沛必於是。

〔通釈〕 富と出世は人の欲するところであるが、それを得るために正しくない方法を取ったならば、恥を知るべきであり、それを維持することも出来ない。貧賤の境遇は人なら誰でもこれを嫌うものだが、悪いことをしたわけではないのに、そのような境遇に陥ったのだとすれば、これを恥じる必要はなく、無理に抜け出す必要もない。立派な人間が「立派な人間である」といわれるのは仁の心があるからで、それなくしてどうして名を成すことができようか。立派な人間は食事をしている間にも仁に悖《もと》るようなことはない。忙しい最中にあっても必ず心はそこにあり、危機的な状態の中で流浪していようとも必ず心はそこにあるものである。

孔子は「金なんて必要ない」とは言わない。あるに越したことはないと、正直に認めている。しかし金儲けのために努力をするよりは、その労力を別のことに費やしたいとも考えている。思うに孔子は、有能な人間というのは、何をやってもそこそこはこなせるもので、金を稼ごうとしたら、いつでも生活に困らない程度の金は稼げると考えていたのではないだろうか。実際、若い頃の孔子はさまざまな仕事に就き、後年になっても多芸の人といわれた。そういう実務家としての実績を踏まえて、しかし「金はいちばん大切なものではない」と断言する。

では孔子は、現実生活のなかで、何を求めたのだろうか。まず学問をすることであり、その後は、自分の理想を実践できる然るべき身分を得ること。孔子の世俗的欲求は、そうした辺りにあった。

○子曰《しい》はく、君子《くんし》は食飽《しょくあ》くことを求《もと》むるなく、居安《きょやす》きを求《もと》むるなく、事《こと》に敏《びん》にして言《げん》に慎《つつし》み、有道《ゆうどう》に就《つ》いて正《ただ》すを学《がく》を好《この》むといふべきのみ。（学而）

子曰、君子食無求飽、居無求安、敏於事而愼於言、就有道而正焉、可謂好學也已。

〔通釈〕立派な人間というものは、食べ物にあれこれ好みをうるさくすることなく、安楽な住居に住むことに固執しない。とにかく仕事を敏捷《びんしょう》に務めて、無駄口をきかず、時間を見つけては道義をわきまえる先人に訊ねて自らにまだ残っている不備を正してもらうよう心掛ける。それほどに努めてこそ、ようやく「学を好む」といっていいだろう。

○子曰《しい》はく、位《くらゐ》なきを患《うれ》へず。立《た》つ所以《ゆゑん》を患《うれ》ふ。己《おのれ》を知《し》るものなきを患《うれ》へず、知《し》らるべきを為《な》すを求《もと》む。（里仁）

子曰、不患無位。患所以立。不患莫己知。求爲可知也。

〔通釈〕（世の中には自分が不遇だと嘆く人がいるが、私は）身分役職が不満だと憂えたことはない。ただ重要な仕事を任されて自信を持って答えられるだけの能力が足りないのではないか、ということを憂うのである。自分が努力していることを他人が知ってくれないと嘆いたりはしない。人から知られるに足るだけの学識道徳を身につけたいと求めている。

金と並んで、人々が求めるのが、地位であり身分である。ことに古代中国では、それなりの身分を持っていなければ、何を言っても世間ではまともに取り合ってくれなかった。孔子は弟子たちと共に諸国を遍歴しながら、登用してくれる王侯を求めた。それは自分が学び考えたことを、現実政治に役立てたいと願ったからである。

しかし当時の社会は、何よりも出自がものをいった。また、情実やコネが幅を利かせたのも事実だ。「人知《ひとし》らず、而《しか》して慍《いか》らず」と自分に言い聞かせ続けた孔子だが、さして能力がない人間がいい地位についているのを見上げるのは、あまりいい気持ちがしなかったはずだ。だからこの言葉には理不尽への悔しさが滲《にじ》んでいる感じがする。

もっともこれは、古今東西、どの国でもあった話だ。

昔、ある教会がオルガン奏者を公募した際、バッハがこれに応募したのだが、実はすでにある有力者の親戚が任命されることが内定していて、実力では誰もがいちばんだと認めたバッハが、この選に漏れた。その町では、「天使が来ても、この町では金がないとオルガンは弾けない」と言われた。これは昔話ではなくて現代にもある話である。

孔子がこれを「患《うれ》へず」というのは、自分は自分のこととしては嘆かない、と述べているのであって、そういう社会的不平等を容認しているわけではない。本当は、自分の問題としても嘆いているのかもしれない。ただし、たいていの人は、こういう社会の不公平は許せないという公憤の形を借りて、自分の個人的な不平不満を爆発させる傾向があるのに対して、孔子は自分の個人的不満を極力控える人だった。もちろんその不満が「地位がないこと」ではなくて、「大きな仕事を任せてもらえないこと」にあるのも事実だろうが、ここにはやはり、やせ我慢もあるのだと思う。不当に扱われているのだから、当然である。それを孔子は、必死に抑えているのである。

やせ我慢はみっともない、という意見もあるだろうが、私はやせ我慢は美徳だと思う。やせ我慢するだけの気概がない人間は、たとえ正論を口にしても、自分が利益供与を受けられる側に立ったら、自分の欲望を我慢できずに、すぐ悪徳に染まるタイプの人間だと思う。

金は人を柔軟にする（かもしれない）

○子曰《しい》はく、貧《まず》しうして怨《うら》むなきは難《かた》く、富《と》んで驕《おご》るなきは易《やす》し。（憲問）

子曰、貧而無怨難、富而無驕易。

〔通釈〕 貧乏でありながら他人や社会を怨む気持ちを抱かずにいることは難しいが、それに比べて、金持ちでありながら威張らずにいることは比較的簡単である。

「貧すれば鈍する」ということわざもある。たしかに貧乏はつらい。そして人間は、つらいとつい、性格がひねくれやすい。だがここで孔子が述べているのは、そういうことではないだろう。

この世の中をよくするためには、人々が仁の気持ちを持つことだと孔子は述べており、そのための具体的努力として、道理が分かるよう学問を積むことや、礼節を重んずることによって人間関係を和やかにすることを説いている。この教えの場合、金持ちのほうが身を慎んで礼儀を重んじやすいと述べているわけだから、まずは富める者が先に身を慎んで礼を重んじ、貧しい人々に譲歩すべきだと説いている、と読むべきだろう。経済格差が存在しているという現実を踏まえて、その弊害を小さくするための「高貴なる義務」を説いているのである。

○子貢《しこう》曰《い》はく、「貧《まづ》しうして諂《へつら》ふことなく、富《と》んで驕《おご》ることなきはいかん。」子曰《しい》はく、「可《か》なり、未《いま》だ貧《まづ》しうして楽《たの》しみ、富《と》んで礼《れい》を好《この》む者《もの》に若《し》かざるなり。」子貢《しこう》曰《い》はく、「詩《し》に云《い》はく、『切《き》るが如《ごと》く磋《みが》くが如《ごと》く、琢《う》つが如《ごと》く磨《と》ぐが如《ごと》し。』と。其《そ》れ斯《これ》を之《こ》れ謂《い》ふか。」子曰《しい》はく、「賜《し》や、始《はじ》めて与《とも》に詩《し》を言《い》ふべきのみ。これに往《おう》を告《つ》げて来《らい》を知《し》る者《もの》

なり。」（学而）

子貢曰、貧而無諂、富而無驕、如何。子曰、可也。未若貧而樂、富而好禮者也。子貢曰、詩云、如切如磋、如琢如磨。其斯之謂與。子曰、賜也、始可與言詩已矣。告諸往而知來者。

〔語釈〕子貢が言った。「貧しい時にも人に諂《へつら》ったりしない、金持ちになっても驕《おご》り高ぶらないというのは、人間としてどうでしょうか。」孔子は言う。「それはそれでいいだろう。だが、貧乏であっても道義を追究することを楽しみとし、金持ちであっても礼節を好んで常にそれを守る者には、及ばない。」子貢が言った。「詩経には、『切るが如く、磋《みが》くが如く、琢《う》つが如く、磨《と》ぐが如く』職人が自身の作品を磨き上げる努力をする様が謳われていますが、それは人間が自己を磨く際にも、そのようになおいっそうの研鑽が必要ということを教えたものなのでしょうか。」先生は言った。「賜《し》（子貢の名）よ。そのように思いをめぐらせるようになった今こそ、共に詩の話ができるな。おまえは半ばを話し聞かせれば、残りを自ら考えることができるようになった。」

金持ちは偉いのか

○子曰《しい》はく、君子《くんし》は義《ぎ》に喩《さと》る。小人《しょうじん》は利《り》に喩《さと》る。（里仁）

子曰、君子喩於義。小人喩於利。

〔通釈〕立派な人間はいつも道義を心掛けているので、道義について深く知るに至るが、志の低い人間は利害ばかりを気にして暮らしているので、利害を計ることばかりが心に深く刻まれる。

夏目漱石は、商人は金のことばかり考えているから金が手に入るが、学者は学問のことを考えているから学問は身につくが金はない、と述べている。まことにそのとおりで、それで構わないと思うのだが、漱石は不満だった。学者だって金がいるので困るということもあるのだが、それよりも金持ちは金持ちであるというだけで、知識や見識がなくとも威張り、また世間の多くの人が金持ちにおもねるのが不満だったのである。

漱石は、金儲けは本来的に卑しいものだという感覚を、生涯、持ち続けた。前近代の身分制社会では、金儲けは卑しいこととされていたので、漱石の感覚は特異なものではなく、むしろ伝統的な感覚だった。江戸時代の身分制度は士農工商となっており、商人は農民・職人より下位に位置づけられていた。

とはいえ、現実には金がものをいう世の中だった。武士だろうと文人だろうと、生活するには金が必要だし、文化的で優雅な生活をおくるには、かなりの金がかかる。だからこそ「身分」という観念で金の力を相対化させ、貧しくとも学問があるとか、武芸に秀でているといったことに自尊心を持てるようにしていたのが、近世日本の身分制度の知恵ではあった。民主主義の立場から見ると、身分制度は悪いもののように思われがちだが、多様な生き方それぞれに、身分なりの価値感や権力や尊厳を分有させるという側面もあったのである。ただし、その「多様な価値観」の根拠となる身分自体が、本人の性格や努力ではなくて、出自によって固定されていたのは不自由なことだった。

しかし身分制度が廃止されると、かえって人間関係の序列化が一元的になってしまった。「職業に貴賤《きせん》の別はない」ということは「どんな儲け方をしても、金は金」ということでもある。かくして富裕層は、あたかも自分が人間的にも優れた存在であるかのように思い込み、政治権力も金で左右される傾向が一段と強まった。

商人が利に聡《さと》く、学者が学問に聡いのは、当たり前だし、それでいいのだ。しかし世の中の価値が、経済的基準だけというのは困る。

再び、立派さについて

○子曰《しい》はく、士《し》、道《みち》に志《こころざ》して悪衣悪食《あくいあくしょく》を恥《は》づる者《もの》は未《いま》だ与《とも》に議《ぎ》するに足《た》らざるなり。

（里仁）

子曰、士志於道、而恥悪衣悪食者、未足與議也。

〔通釈〕士たるものが、まことに道理を探求しようと志して専心すれば、ほかのことは細事である。「道に志している」といいながら、自分の見栄えが悪いとか、飲食についてどうこう気にするなどというのは、心根が卑しく、まだまだ共に道を求めて議論研鑽《けんさん》する仲間にはならない。

これはやせ我慢ではないだろう。もっと気《き》宇《う》壮大《そうだい》な精神から述べられているものだ。

「武士は食わねど高楊枝《たかようじ》」という諺《ことわざ》があるが、やせ我慢が過ぎて厭味《いやみ》な気がする。だいたい、食事をしていないなら楊枝など使う必要はなく、見栄を張った過剰な行為である。これよりは『先代萩《せんだいはぎ》』の「腹は減ってもひもじゅうない」のほうが、孔子の姿勢に近いように思われる。食事をしなければ、腹が減る。「腹が減る」というのは物理的な現象であり、事実なのだから、これを否定するのは潔くないし、嘘になる。しかし「腹が減った」からといって「ひもじい」とは限らない。「ひもじい」というのは感情である。苦しくても、これを苦しいとしない意志が、動物的な空腹感に打ち勝つなら、「ひもじくはない」のである。

粗衣粗食に甘んじながら、道を説き続けた孔子に「おいしいものはお嫌いですか」と尋ねたら、きっと「好きだよ」と答えたと思う。しかし「では、おいしいものを腹いっぱい食べに行きましょう。御馳走します」と言ったら、孔子はなんと答えただろうか。たぶん、礼を失さないようにこれを辞し、美食に費やすよりもっと世のために有効なお金の使い方、そしてその心構えについて教えてくれたのではないか。

詩人のラフォルグは、貧困生活に陥って橋のたもとで寝起きしていたとき、夜空を見上げて「たまには地球という星のことも考えてやろう」と言ったという。暴力革命を提唱する思想家が、穏健で道徳的な改良主義者に突きつけるテーゼに「パンか、芸術か」というものがある。しかし自身が飢えながらも、「パンよりも芸術」「食事よりも礼節」と迷わず答えることのほうが、別の意味で革命的なのではないか。なぜならパンを求める革命は経済に縛られるが、礼節を基とする革命は人間を変えるからだ。

孔子が求める「道」は、たぶんそういう革命であった。粗衣粗食を恥じる革命家は、自分が権力を握ったら、今度は自身が王侯のように振舞うことになりかねない。そういう例は、現代の世界でもある。「人民共和国」を称している国の指導者が、まるで皇帝のように振舞っているのは、まことに見苦しいものだ。礼節の革命家は、たぶんそうした覇者を卑しい存在と見るだろう。

理想を貫く者が、困窮するのは当然

○衛《えい》の霊公《れいこう》陳《じん》を孔子《こうし》に問《と》ふ。孔子《こうし》対《こた》へて曰《い》はく、「俎豆《そとう》の事《こと》は則《すなは》ち嘗《かつ》て之《これ》を聞《き》けり。軍旅《ぐんりょ》の事《こと》は未《いま》だ之《これ》を学《まな》ばず。」と。明日《めいじつ》遂《つひ》に行《さ》る。陳《ちん》に在《あ》りて糧《りょう》を絶《た》つ。従者《じゅうしゃ》病《や》みて能《よ》く興《た》つなし。子路《しろ》慍《いか》りて見《まみ》えて曰《い》はく、「君子《くんし》も亦《また》窮《きゅう》することあるか。」子曰《しい》はく、「君子《くんし》固《もと》より窮《きゅう》す。小人《しょうじん》窮《きゅう》すれば斯《ここ》に濫《らん》す。」（衛霊公）

衞靈公問陳於孔子。孔子對曰、俎豆之事、則嘗聞之矣。軍旅之事、未之學也。明日遂行。在陳絶糧。從者病、莫能興。子路慍見曰、君子亦有窮乎。子曰、君子固窮。小人窮、斯濫矣。

〔通釈〕 衛の霊公が軍陣のあり方について孔子に尋ねた。孔子はこれに対して言った。「私は仁を思い、礼儀について学んできましたから、祭礼に用いる器である俎豆《そとう》の扱い方についてでしたら、かつて聞いたことがあります。しかし軍隊を動かして戦う方法については、未だにこれを学んだことがなく、何も申し上げることがありません」と。そしてこの翌日、衛で自分がすることはないと、遂にこの地を去った。

　次に孔子一行は陳に向かったが、その領土に入ったところで、その地の大夫のために道を塞がれ、遠巻きに囲まれて、食糧を断たれてしまった（食糧を断たれることは七日に及んだという）。このため孔子に従っていた人々は体が衰弱し、立ち上がることも困難になってしまった。孔子のような立派な人がこのような目にあうことに憤慨した子路は、その怒りに身を震わせながら孔子に対面して言った。「君子もまた困窮することがあるのでしょうか。」先生は言った。「君子といえども、もとより困窮することはある。

小人は困窮すると心が荒んで悪事に走りがちだが、真に立派な人間は困窮してもうろたえたりはしない。」

私は『論語』のなかで、このエピソードがいちばん好きだ。「君子《くんし》固《もと》より窮《きゅう》す」がいいではないか。大志を抱いて、自分のことよりも天下万民のことを思い、真実のために尽くそうとしているのだから、君子が物質的に困窮するのは、むしろ当然だ。

「人知《ひとし》らず、而《しか》して慍《いか》らず」と共に「君子《くんし》固《もと》より窮《きゅう》す」は、理想に燃える若者には、とても大切な教えだと思う。世間は、理屈どおりに動かないところがあって、正論を唱えたためにかえって干されたり、上司から憎まれたりすることがある。それを「世間は間違っている」と怒らずに、「正義を貫こうとする以上は、当然乗り越えねばならない壁」と考える余裕がすばらしい。こういう心構えでいられたら、なるほど、すべての困難は精神の糧となるだろう。

孔子が考える「いい生活」

○子曰《しい》はく、君子《くんし》は道《みち》を謀《はか》りて食《しょく》を謀《はか》らず。耕《たがや》すや餒《うゑ》其《そ》の中《うち》に在《あ》り、学《まな》ぶや禄《ろく》其《そ》の中《うち》に在《あ》り、君子《くんし》は道《みち》を憂《うれ》へて貧《ひん》を憂《うれ》へず。（衛霊公）

子曰、君子謀道不謀食。耕也餒在其中矣。學也祿在其中矣。君子憂道不憂貧。

〔通釈〕立派な人間は道理を窮め精神を高めることに心を砕くもので、飲み食いして身を養うことに心を煩わせないものだ。食糧を得るために田畑を耕すにも、自然の摂理を弁《わきま》えないと不作に陥り、飢饉《ききん》に陥ってしまうことにもなりかねない。道理を窮めるべく学ぶことのうちには、自ずから俸禄を以て迎えられることや、飢饉を避けるための叡智もある。立派な人間は道義の弁えが足りないことを憂い、貧しさを憂いて学問をするわけではない。

○子曰《しい》はく、疏食《そし》を飯《くら》ひ、水《みづ》を飲《の》み、肱《ひぢ》を曲《ま》げて之《これ》を枕《まくら》とす。楽《たの》しみ亦《また》其《そ》の中《うち》に在《あ》り、不義《ふぎ》にして富《と》み且《か》つ貴《たふと》きは、我《われ》に於《お》いて浮雲《ふうん》の如《ごと》し。（述而）

子曰、飯疏食飲水、曲肱而枕之、樂亦在其中矣。不義而富且貴、於我如浮雲。

〔通釈〕 質素な食事をし、水を飲み、肱を曲げて枕とする。心の中の楽しみは、そうした困窮した生活の中でも持ち得る。不義を働いて獲得した財産や地位は、私にとっては浮雲のようにあやふやで虚しいものに過ぎない。

ここで語られている心のありようは、神仙思想に近いもののようにも感じられるが、孔子の思想は自分一個の脱俗超克ではなく、あくまで現実社会の改革にあった。

ただし孔子は、遠大な目的のためには、途中過程での手段を選ばないという選択を退けている。社会の改革は、人間精神の改革がなければ達成されない。自己の向上と社会の向上は一体であり、方法は目的と一致していなければならない。

孔子は貧乏生活の楽しみを説いたわけではない。正当な方法で富貴を得るのはやぶさかではないし、これを悪いとも言ってはいない。ただし、不義をして富貴を得るよりも、貧乏な漂泊生活のほうが、自分の理想を追求する段階としては上だと考えていた。そして、そう考えた以上は、そのように生きるのが、孔子にとっては自然なことだったのだろう。

第七章　家族の形、人間関係のあり方

そんな父親に、私はなりたい

『論語』に出てくる家族間の序列秩序には、現代の日本人には分かり難いものがある。兄弟間の身分差はその代表例で、「其《そ》の人《ひと》と為《な》りや孝弟《こうてい》にして上《かみ》を犯《をか》すことを好《この》む者《もの》は鮮《すくな》し。上《かみ》を犯《をか》すことを好《この》まずして乱《らん》を作《な》すことを好《この》む者《もの》は未《いま》だこれあらざるなり」（学而）といわれても、ピンと来ないだろう。古代中国の兄弟や男女の「長幼の序」を、そのまま現代日本に適用するのは、私も躊躇《ちゆうちよ》する。

それでも、現代にも通用する長幼の序もある。親に対する孝は、われわれにも分かりやすい。また『論語』の言葉には深みがあるので、その真理は現代日本の実情によく照らし合わせて考えてみると、それなりに解釈の仕方があるものが多い。
例えば次の一句は、父親の喪を三年とする古代中国の服忌令《ぶっき》に基づいたものだが、そうした歴史的細部を離れて、わが身に照らし合わせて考えることにも、現代なりの意味があるだろう。

○子曰《しい》はく、父在《ちちい》ませば其《そ》の志《こころざし》を観《み》、父没《ちちぼつ》すれば其《そ》の行《おこな》ひを観《み》る。三年父《さんねんちち》の道《みち》を改《あらた》むるなきを、孝《こう》と謂《い》ふべし。(学而)

子曰、父在観其志、父没観其行、三年無改於父之道。可謂孝矣。

〔通釈〕その人が立派であるかどうかを評価するには、その人の父が生きているうちは、その志を見(なぜなら父のあるうちは、自分勝手に行動すべきではないから)、父親が亡くなった後は、その人自身の行動を見ればよい。父の喪に服す三年間は、親のやり方を踏襲《とうしゅう》してこれを改めないようなら孝といえる(そして、真に志が高い人物なら、たとえ親以上に優れた生き方を志していたにせよ、父のやりようを思慕し、すべてを自分の思い通り変えられないくらいの躊躇《ちゅうちょ》があってこそ、本当に人間味があるといえるだろう)。

服喪という期間を離れて考えても、「三年父《さんねんちち》の道《みち》を改《あらた》むるなきを、孝《こう》と謂《い》ふべし」というのは重い教えだ。

私は思うのだが、そもそも道を改めるとか改めないとか、それほどしっかり親のやりようを見ている子供が、今どき、どれだけいるだろうか。私は既に父を失っているが、父がなくなって三年くらい経った頃から、かえって「こういうときに父のアドバイスが聞けたら……」と思うことが多くなった。不肖の息子とは、そのようなものである。

一方、これを親の立場から見てみると、自分が死んだ後も、三年くらいは子供がそのまま継承するに足る生き方を示すつもりで日々を生きよ、という意味が秘められているようにも思う。私は親として、そういう生き方ができている自信がない。ただ、自分が死んだ後も、三年くらい、子供が見習い続けて恥ずかしくない親になりたいと素直に思う。

「孝」（家族）は「忠」（国家）に優先する

○葉公孔子《しょうこうこうし》に語《つ》げて曰《い》はく、「吾《わ》が党《とう》に躬《み》を直《なほ》くする者《もの》あり。其《そ》の父羊《ちちひつじ》を攘《ぬす》む。而《しか》して子之を証せり。」孔子曰はく、「吾が党の直き者は是に異なり。父は子の為に隠し、子は父《ちち》の為《ため》に隠《かく》す。直《なほ》きこと其《そ》の中《うち》に在《あ》り。」(子路)

葉公語孔子曰、吾黨有直躬者。其父攘羊。而子證之。孔子曰、吾黨之直者異於是。父爲子隱、子爲父隱。直在其中矣。

〔通釈〕葉公が孔子に告げて言った。「私の知る者の中に、身を正直に貫いているものがあります。その者の父が羊を盗みました。その際、彼は子でありながら事実を証《あか》しました。」孔子は言った。「私が身を慎み正直な者と考える者たちは、それとは異なります。父は子供が悪事を仕出かしてしまったら、子供を庇《かば》ってそれを隠そうとし、子供は父の悪事を庇って、それを隠します。正直さとは、たとえ事実を曲げてでも親は子を、子は親を庇ってしまうという自然な愛情の中にあるのではないでしょうか。」

日本では昔から、国家・主君への忠と、祖先・親への孝のうち、どちらを優先すべきかが問題になった。現代風にいえば、公共性と個人の自由が、ややこれに似た公私の対立点になっている。

戦前日本の国史では、楠木正成《くすのきまさしげ》は最大の英雄として描かれたが、その子・正行《まさつら》は、父亡き後、敗色の濃い南朝のために出陣するのを引き止める母への孝心と忠義心のあいだで悩んだ、とされている。「忠ならんと欲すれば孝ならず、孝ならんと欲すれば忠ならず」である。ちなみに明治期に作られた文部省唱歌『青葉茂れる桜井の』は正成・正行親子の話だ。

日本に儒学がもたらされたのは古代のことで、聖徳太子の十七条憲法に言う「和《わ》を以《もっ》て貴《たっと》しとなす」は『論語』の「礼《れい》の用《よう》は和《わ》を貴《たっと》しとなす」（学而）に由来している。その後の律令制度も、儒学に多くをよっていたが、儒学が庶民にまで知られるようになったのは江戸時代のことだ。文を重んじ、武を退ける儒学と武家社会には、根本的な矛盾があるのだが、そこに日本独自の儒学理解が育まれた。「忠」を重んずるのも、そのひとつだ。明治以降の日本でも、国家（公）が家族（私）に優先すると教えられた。

しかし孔子は、秩序意識を内包した家族愛を、社会道徳の基本においていた。当然、孝は忠に優先する。世の中をよくしたいとか、自分はこのように生きたいとかいう理想を抱いていなければ、人間として立派とはいえないが、それは親に孝であるような人情があってのことなのである。

思うに「孝」は、親に仕えることではない。親は子供より弱い存在なのである。なぜなら、先に老いてゆき、順番に従えば先に死ぬのだから。後の世に生き残るのは子供の側である。だいたい「孝」などという道徳概念を持ち出して説かなくても、親の側は子供のためを思って行動するに決まっている。孝とは、「そういう親心を分かってあげなさい」という教えだと私は思う。幼い子供ならいざ知らず、自分で自分の将来を考えるようになり、何らかの志を抱くような年齢まで成長したなら、実は親のほうが自分より弱いのだという事実を、思いやってやらなくてはならない。老いていく親の弱さに思い至らないようでは、社会のためを考えているつもりでも、情味の欠けた思考しかできないだろう。

「孝」を生きる日常

○孟武伯《もうぶはく》、孝《こう》を問《と》ふ。子曰《しい》はく、父母《ふぼ》は唯其《ただそ》の疾《やまひ》をこれ憂《うれ》ふ。（為政）

孟武伯問孝。子曰、父母唯其疾之憂。

〔通釈〕孟武伯が「孝」とはどういうものかを問うた。孔子は言った。「父母は意味など問うことなく、ひたすらに子供のみを思いやり、何時もわが子が病気になりはしないかと心配しているものです」と。

この文言は「父母《ふぼ》には唯《ただ》、其《そ》の疾《やまひ》をこれ憂《うれ》へしめよ」と訓《よ》み、「父母にはただ病気（という子ども自身にもどうしようもないこと）以外の心配をかけないようにせよ」という意味に解することもある。だが私は、これは「父母《ふぼ》は唯其《ただそ》の疾《やまひ》をこれ憂《うれ》ふ」と素直に訓むのがいいと思う。孔子は、「孝」とは何かという問いに対して、親の側は、「子どもを慈しむとはどういうことか」などと考えずに、止むに止まれず子どもを愛し、心配している、その親心を知ること、親心に近くあろうとすれば、それがすなわち孝である、と説いたのだと思う。日本の和歌にも「人の親の心は闇にあらねども　子を思ふ道にまどひぬるかな」（藤原兼輔）というのがあるが、まことに親とは悲しくもいじらしいものだ。ちなみにこの歌は『三十六人撰』などに取られていて、高校時代に初めて読んだときには「こんな教育標語みたいなのが、秀歌かよ」と鼻白んだものだが、親になって読んだら、泣けた。きっと撰者も、人の親だったのだろう。

○子曰《しい》はく、父母《ふぼ》の年《とし》は知《し》らざるべからず。一《いつ》は則《すなは》ち以《もつ》て喜《よろこ》び、一《いつ》は則《すなは》ち以《もつ》て懼《おそ》る。

（里仁）

子曰、父母之年、不可不知也。一則以喜、一則以懼。

〔通釈〕子供ならば父母の年齢は常に気にかけているべきである。一つはその健康で長寿あることを喜ぶために。そしてもう一つはその衰えを慮《おもんぱか》り、手遅れにならぬ前に孝養に励むために。

人は愚かなもので、子供のことはいつまでも子供だと思っているし、親のことはいつまでも元気だと思いがちだ。しかし親は自分よりも先に年を取る。そのことに思い至るのが、孝のはじまりである。

もしも友達から悪事に誘われたら

親に対する道徳が「孝」なら、友人間の関係は「信」を基礎としている。人付き合いについての教えは、道徳よりも、往々にして処世術になりがちだが、『論語』だと、一味違う。

○有子《ゆうし》曰《い》はく、信《しん》、義《ぎ》に近《ちか》づけば、言《げん》復《ふ》むべし。恭《きよう》、礼《れい》に近《ちか》づけば、恥辱《ちじよく》に遠《とほ》ざかる。因《よ》ること其《そ》の親《しん》を失《うしな》はざれば、亦宗《またそう》とすべし。（学而）

有子曰、信近於義、言可復也。恭近於禮、遠恥辱也。因不失其親、亦可宗也。

〔通釈〕人との約束を守るには、そもそも履行するに無理なく、道義にも沿った正しい内容であるなら、言葉通りに履行できるものだ。相手を恭敬する場合、礼儀正しく行動すれば、卑屈すぎたり傲慢に見られたりするなどの誤解を避けられ、恥をかくこともない。誰かに頼って援《たす》けてもらわねばならないときは、相手をよく見て本当に信頼する人を選ぶべきで、そうであればその人を尊敬して自らの手本とすることができる。

友人関係の中では、なにかと頼んだり頼まれたりということが起こる。そうした頼みごとのなかには、けっこう困ってしまうものもある。「金を貸してくれ」とかいうのは、まだいいほうで、「恋人とお泊りに出かけるけど、親には君と一緒に出かけたことにしてほしい」ということになると、ようするに嘘をついてくれという誘いである。安易に引き受けると、後でとんでもないことになる場合もある。

友人関係では、悪いことに誘われても断り難く、つい自分も悪事に加担することになってしまうというケースがある。若い時期には、いきがって酒やタバコ、果ては麻薬まで、仲間がやっていると、つい自分も断りきれずに、あるいはイキがって手を出し、いつの間にか染まってしまうということがある。そういう場合、これを断じて断るのが勇気であり、道を踏み外しかけている友人を諫《いさ》めるのが、本当の友情だ。それでも友人が聞き入れなかったらどうすればいいか。これはなかなか難しい場面だ。

○子游《しゆうい》曰はく、君《きみ》に事《つか》へて数《しばしば》すれば斯《こ》れ辱《はづか》しめらる。朋友《ほうゆう》に数《しばしば》すれば斯《こ》れ疏《うと》んぜらる。（里仁）

子游曰、事君數、斯辱矣。朋友數、斯疏矣。

〔通釈〕主君に過ちがあればこれを諫《いさ》めるのが臣下の道だが、諫めることが度重《たびかさ》なると退けられて辱《はずかし》めを受けることになる。朋友が誤った行いをしているならば、これを諫めるべきだが、それが度重なると疎《うと》んじられる。

自分の間違いを指摘されるのはいやなもので、「ほっといてくれ」といわれるのがオチだ。それが度重なると、友人関係にヒビが入ることになりかねない。相手から避けられる、あるいは「あいつは話が分からない」などと陰口を利かれるようになりかねない。こういう「友人」には、どうすればいいのか。

○子貢《しこう》友《とも》を問《と》ふ。子曰《しい》はく、「忠告《ちゅうこく》して之《これ》を善道《ぜんどう》し、不可《ふか》なれば則《すなは》ち止《や》む。自《みづか》ら辱《はづかし》めらるること無《な》し。」（顔淵）

子貢問友。子曰、忠告而善道之、不可則止。無自辱焉。

〔通釈〕子貢が友と交わる道について尋ねた。先生は言った。「よい友というのは互いを高めあうものだから（知性や徳性を高めることこそが人間の本当の幸福であり、相手のためでもあるのだから）、気付いたことがあれば忠告してよい道に導くべきである。だが、聞き入れられなければ、機を見て諫言《かんげん》をやめるべきだ。無理強いをすると、相手から疎まれて、互いに不愉快な思いをすることになるので、注意するように」

友人への諫言は、実に難しい。この場合、自分の判断が正しいかどうかを、きちんと検証する必要もあるだろう。それでも相手が聞き入れなければ、こちらから離れるべきだと孔子は言う。

注意しても、なお悪事をやめない者は、友であり続けるに及ばない。冷たいようだが、友人関係というのは基本的に対等な間柄であり、「何としても、自分が助けてやる」とか「自分が見捨てたらどうなるか」とまでは考える必要はない。相手が助けを求めているのなら話は別だが、本人が本人の意思で悪事にハマっているのなら、こちらから離れていくのが道理に適った行動なのである。

昔、ある友人が新興宗教にハマってしまったことがあった。当時、私は困って、評論家の浅羽通明氏に相談した。その答えは「一度は誠実に説得を試みたのであれば、その諫言を聞き入れない相手は、友とし続けるのは困難だ」というものだった。思えばそれは、この『論語』の教えを踏まえたものだったのかもしれない。

「友」とは善への憧れで結ばれる関係

もちろん、後からでも友人が改心して、立ち直ろうとするなら、これを助けるのに躊躇する必要はない。

○子曰《しい》はく、伯夷《はくい》叔斉《しゆくせい》は旧悪《きゆうあく》を念《おも》はず。怨《うら》み是《ここ》を以《もつ》て希《まれ》なり。（公冶長）

子曰、伯夷叔齊、不念舊惡。怨是以希。

〔通釈〕伯夷と叔斉は清廉を愛して悪事を憎む心が強かったが、人が改心すれば、すべてを水に流して、その旧悪を問うことはなかった。それ故、二人から非難されたものも、二人を怨むことはほとんどなかった。

遅くなっても、自分が悪いことをしていたと思い知った人間にとって、いちばん頼りになるのは、かつてその非を指摘してくれた友人だろう。そういうときこそ、本当の信義を示してやるべきだ。

一方、悪人同士、一緒に悪事をしでかす連中は、その悪事を働く仲間とのあいだに本物の情誼《じようぎ》を結んでいるのだろうか。そうではないのではないか。「越後屋、お前も悪よのう」「そういうお代官様こそ」――と言い合っている連中は、互いに相手のことを軽蔑し、腹を探り合いながら、利益のために交わっている。そこにあるのは共同戦線ではなく、停戦条約にすぎない。利害によって結ばれているものは、たやすく利害のために裏切るし、悪事で結ばれた仲間は、相手を尊敬していない。

悪人であっても、本当に憧れているのは、悪人ではなく、正義の人なのだと思う。どのような人間にも、やり直せる可能性がある。そのチャンスは、たとえば自分のことを棚上げにして、他人のことなら多少の是非は分かるという点にあるだろう。わが身に照らして、「なんと浅ましいことか」と思い至れば、それは改心の契機となる。伯夷叔斉の徳が讃えられるのは、彼らに接した人が、自分の中にかすかに残っている善への憧れを呼び覚まされたためではないだろうか。

『論語』が勧める友人関係は次のようなものだ。

○曾子《そうし》曰《い》はく、君子《くんし》は文《ぶん》を以《もっ》て友《とも》を会《かい》し、友《とも》を以《もっ》て仁《じん》を輔《たす》く。（顔淵）

曾子曰、君子、以文會友、以友輔仁。

〔通釈〕立派な人間は、「文」という言葉で表れるような求道の学問・詩書六芸《りくげい》への造詣《ぞうけい》や関心によって友と交わり、その交友を通して仁への徳を高めようという努力が深められる。

人材の見極め方――人を信じるには覚悟がいる

朱に交われば赤くなる、というが、人間は環境に左右されやすい。そして人間関係はいちばんの「環境」だ。ともに励む仲間、信頼して仕事を任せる仲間は、よく選ばなければならない。では、人物鑑定の基準はどうすればいいのだろう。

○子曰《しい》はく、論篤《ろんとく》に是《こ》れ与《ゆる》せば、君子者《くんししや》か、色荘者《しきそうしや》か。（先進）

子曰、論篤是與、君子者乎、色荘者乎。

〔通釈〕論じていることが篤実《とくじつ》であるからといって、それでその人が篤実であると信じてしまうようでは、本物の君子と見せ掛けだけの偽者とを見分けることは出来ない。

人間と人間の結びつきの基本にあるのは言葉ではない、と孔子は考えていたようだ。篤実さは、全身全霊で表現される（あるいはにじみ出る）ものだ。「巧言令色」を厳しく戒めた孔子は、言葉だけでは人柄は分からない、と強調する。

それにしても、と私はちょっと不思議な気分になる。孔子自身は多くの優れた言葉を残している人だ。われわれはその言葉の断片を、『論語』から学んでいる。その孔子が、これほど言論についての不信感を繰り返し語っていることには、奇異の念を感じざるを得ない。では、人の何を見れば、その人が分かったといえるのだろうか。

○子曰《しい》はく、其《そ》の以《な》す所《ところ》を視《み》、其《そ》の由《よ》る所《ところ》を観《み》、其《そ》の安《やす》んずる所《ところ》を察《さつ》すれば、人焉《ひといづく》んぞ廋《かく》さんや、人焉《ひといづく》んぞ廋《かく》さんや。（為政）

子曰、視其所以、觀其所由、察其所安、人焉廋哉。人焉廋哉。

〔通釈〕人をよく知るには、まずその行動を観察し、その人がどのような考えに基づいて行動しているのかを見極め、その人の仕事以外での普段の生活ぶりを調べたならば、その人がどのような人間であるかは理解でき、隠すことはできない、隠すことはできない。

ここで孔子は、あくまで人の行為に注目している。その言葉については、何も述べていない。孔子は、魯で実際の政治に参画した時期があった。だから彼は、世の中には口先だけで実行力が伴わない人間が多いことを、実際の経験でよく知っていた。それどころか、言うこととやることがまったく反対という連中も、いやというほど見てきたのだろう。

人間は、けっきょくは行動である。学生時代ならまだしも、世に出て働こうという段階になったら、言葉ではなく行動で、人間は計らねばならない。

詐欺に引っかかったり、他人が勧めるままに投資に乗ったりして、失敗することがある。そういう時、被害者はよく「信じていたのに」という。もちろん、他人を騙《だま》すのはよくないことであり、意図的な詐欺なら犯罪である。しかし、騙された側、乗せられた側の人間は、いったい他人の何を見て信用したのだろうか。実は何も見ておらず、ただ、よく知りもしない人の言葉を鵜呑《うの》みにしたのではないか。

人を見極めるというのは、人を疑うためにする行為ではない。信じるに足る人間を選び出すためにするのである。信じるということは、自らの身を委《ゆだ》ねるということでもある。それくらいの覚悟がなければ、「信じる」価値はない。人を信じたいなら、その「信じる」ことに伴う責任に見合った探求が必要だ。

○子曰《しい》はく、晏平仲《あんぺいちゅう》は善《よ》く人《ひと》と交《まじ》はり、久《ひさ》しうして之《これ》を敬《けい》す。（公冶長）

子曰、晏平仲、善與人交。久而敬之。

〔通釈〕斉の宰相・晏平仲は善く人と交際した。長年付き合っても、相手を尊敬し続けた。

文中の「善く」という語には、付き合い方の立派さに加えて、交際の幅広さと相手の質の高さという意味も含んでいた。晏平仲はその身分からいって、多くの人が擦《す》り寄ってきたが、よく交際相手を選ぶ人でもあった。そして付き合い始めた人間とは長く交際を保ち、慣れ親しんでぞんざいになることがなかった。

たいていの人は、付き合いが長くなると、つい馴れ馴れしくなりすぎて失望したり、「こういうやつとは思わなかった」という場面に出会うことが少なくない。しかし晏平仲は、そもそも交際のはじめからよく人を見て、誰とも親しいようでいて、きちんと相手を選んでいたのだろう。

また『論語』伝本中には、「人之《ひとこれ》を敬《けい》す」と伝えているものもある。それだと「交際した人々は彼への尊敬を変えなかった」という意味になる。どちらにせよ、互いに尊敬し合える関係こそが望ましい。

第八章　指導者の責務と民主体制

為政者のあるべき姿――人の上に立つ心得

『論語』には、為政者や国家経営の大任に当たるような高官を導くための教え、その心得がたくさん収められている。正直にいうと、それらは私には、いまひとつピンとこない。何しろ私は、人の上に立つような役職に就いたことがない。今後もそういう予定はない。

天下国家のことについて、新聞で論壇時評などは書いたことがあるのだが、といって自分が何かをするつもりはない。それはそれで「分を弁えている」ということなので、儒学の教えには沿っている気もする。だが、ある程度の年齢になったら、たしなみとして「人の上に立つ人間の心得」は身につけたいもの。会社員や公務員なら、否が応でも何らかの役職を背負わされている年齢である。
それにしても、次のような雄大な理想は、ちょっと腰が引けてしまう。

○子曰《しい》はく、政《まつりごと》を為《な》すに徳《とく》を以《もつ》てすれば、譬《たと》へば北辰其《ほくしんそ》の所《ところ》に居《ゐ》て而《しかう》して衆星《しゆうせい》の之《これ》に共《むか》ふが如《ごと》し。（為政）

子曰、爲政以徳、譬如北辰居其所、而衆星共之。

〔通釈〕政治を行う者が、身を修めて自らの徳によってこれを行うならば、たとえば北極星が不動で天空の指針となり、星々がその周りを秩序正しく動くように、世の中が治まるだろう。

孔子の理想は、周王朝の聖王たちが行ったという政治だった。徳の高い王は北極星の如くすべてのものの中心にあって動ずることなく、諸侯官吏たちは各々の分を守って秩序正しく務めを果たし、庶民ことごとくがその治世の安寧を享受する……。すべてのバランスが取れたその世界は一種のユートピアなのだろうが、それだけにちょっと怖い気もする。秩序を乱す者は、存在を許されない気がするからだ。全体主義的というかスターリニズムというか、そういうディストピアの匂いがする。

そう感じてしまうのは、私がそういう世界を想像する時、私がいるべき場所を星々が輝く天空に見いだせず、地を這《は》う民の位置にしかないからかもしれない。もっとも孔子は、そのような秩序をもたらす原動力を「法」や「武力」や「イデオロギー闘争」には置いていない。孔子はそうした秩序ある体制は「徳」によってしか生まれないとした。その「徳」のなかには、不学の徒や偏屈者を許容し包容する寛大さも含まれているのだろう。だから私の空想は、過剰反応というものだ。

孔子が考える理想社会は身分制秩序のある世界なので、上の者には徳が必要だが、下の者にまではそういう能力というか心得を期待していない。差別的といえば差別的なのだが、現実に職責や権力に差があるのだから、身分が上になるにつれて人格的達成を強く課するのは、かえって公平なのかもしれない。

問題は、自分のことは棚にあげて部下にばかり厳しいことを言う上役が、現実にはけっこういるという点である。そういうことでは、世の中はうまく動かない。『論語』は上に立つ者のあり方をこそ、厳しく規定している。

○子曰《しい》はく、其《そ》の身正《みただ》しければ、令《れい》せずして行《おこな》はる。其《そ》の身正《みただ》しからざれば、令《れい》すと雖《いへど》も従《したが》はず。（子路）

子曰、其身正、不令而行。其身不正、雖令不從。

〔通釈〕上に立つ者自身が、言動を正しくして諸人の模範になっていれば、命令などしなくても、下の者はその意に従って務める。上の者自身が正しく身を処していないと、命令しても下の者はついてこない。

ここでも孔子は、上の者の責任について述べている。身分制の時代、人はその生まれによって基本的に将来の地位が決まっていた。しかしだからこそ、上の者には「徳」が求められた。国王やそれに準ずる諸侯は、自分が立身出世するために他人と競争する必要がない。その点では、自力で立身出世を目指さねばならない人たちより恵まれているのだが、その代わりに人々から慕われ、彼らをよく仕えさせるだけの徳がなければならないのだった。これは民主主義体制下の現代でも、形を変えて「上」の者に求められている。

君子の条件

では「徳」とは、そして「君子」とは、どのようなものなのか。

○子曰《しい》はく、君子《くんし》は器《き》ならず。（為政）

子曰、君子不器。

〔通釈〕立派な人間は器物のようなものではない。

これも含みが深くて、分かり難い言葉だ。器というのは、現代の『論語』解説書では、器械とか道具と説明されることが多い。ようするに何か特定の役に立つ物で、人間でいえば専門職ということになるだろうか。

器械はそれをその用途にしたがって使えば役に立つが、応用はきかない。専門家も同様で、専門の問題には詳しくても、それ以外のことはよくわからなかったりする。君子というのは、専門家ではなくて、人格者なのだろう。何か特定のことができるわけではない。もしかしたら、何も特定の秀でたところはないのかも知れない。その代わり、物事の本質を見極める能力があり、専門家たちをうまく適材適所で配置したり、人々の思いを汲み取って、皆が安心して生活できるように配慮する能力があるということなのだろう。

もしかしたら君子は、その人自身は労働という意味での仕事はしないのかもしれない。ただ、その人がいると何となく物事が丸く収まるのである。なるほど「国民統合の象徴」たる天皇は、やはり君子たることを求められているのだな、と思ったりする。

○子曰《しい》はく、君子《くんし》の天下《てんか》に於《お》けるや、適《てき》なく、莫《ばく》なし、義《ぎ》と之与《これとも》に比《したが》ふ。（里仁）

子曰、君子之於天下也、無適也、無莫也、義之與比。

〔**通釈**〕立派な人間が天下のことに臨む態度は、必ずこうすると固執することなく、必ずこれは退けようと執着することもなく、ただ道義に合うかどうかを見定めて、これに従うばかりである。

これも君子の器ならざることと関係しているだろう。職人とか学者といった「専門家」は、往々にして頑固である。それはそれで専門家には必要なことなのだが、すべてをみそなわす君子は、すべての人を公平に見、それぞれのよさを生かすような存在でなければならない。無能に見えて、チームの成績をあげて見せる上司というのが、いちばんいい上司なのだろう。平時には「昼行灯《ひるあんどん》」というあだ名があったという播州赤穂の大石内蔵助も、君子の器だったのかもしれない。その人がいるだけで、何となくみんなが仕事をしやすくなる。そういう上司は最高だ。

エライとは、どういうことか

業務命令を行きわたらせるためには、時には厳しく臨まなければならない。人気を気にして部下に迎合するようでは、かえって馬鹿にされ、統率が取れなくなってしまう。

○子曰《しい》はく、君子《くんし》は重《おも》からざれば則《すなは》ち威《い》あらず。学《がく》も則《すなは》ち固《かた》からず、忠信《ちゆうしん》を主《しゆ》とし、己《おのれ》に如《し》かざる者《もの》を友《とも》とすることなかれ。過《あやま》っては則《すなは》ち改《あらた》むるに憚《はばか》ることなかれ。

（学而）

子曰、君子不重則不威。學則不固。主忠信。無友不如己者。過則勿憚改。

〔通釈〕人の上に立つものは、どっしり構えていないと威厳がなく、部下も不安になってしまう。学問をするというのは、堅苦しくなるのではなく、知識と思索を得て柔軟になるということだ。忠と信を重んじ、自分より劣ったところしかない者とつるむのは控えなさい。間違いであると気付いたことがあれば、それを訂正するのに、躊躇をしてはならない。

「重くある」というのは、しかし威張っているのとは違うだろう。自分なりの指針を持っていることが大切だ。しかし同時に、柔軟性も必要だ。学問をするときに、志は固く、しかし頭は柔軟であるべきなのと同様、信念を大切にしながらも、各分野で自分より優れている人々からの指摘を謙虚に聞き、その言動に学ぶ注意深さも必要とされる。

ところで「過《あやま》っては則《すなは》ち改《あらた》むるに憚《はばか》ることなかれ」はよく知られた一節だが、こういう文脈の中にあったのである。もちろん「改める」際には、自分に厳しく、みんなのためによい方向に改めるのである。「君子豹変《ひょうへん》す」ともいうが、それも同様で、保身のためにコロコロ言動を変えるようでは、君子とはいえない。だからそういう場合は君子豹変ではなく、

「小人カメレオンの如し」というべきだろう。

○子曰《しい》はく、命《めい》を知《し》らざれば以《もっ》て君子《くんし》と為《な》るなし、礼《れい》を知《し》らざれば以《もっ》て立《た》つなし、言《げん》を知《し》らざれば以《もっ》て人《ひと》を知《し》るなし。（堯曰）

子曰、不知命、無以爲君子也。不知禮、無以立也。不知言、無以知人也。

〔通釈〕人は天から自分が与えられた使命を察することができないと、目先の利益に動かされたりして、本当に立派な人間として完成することは出来ない。礼儀を弁えて自分で自分を律することが出来なければ、行動が危なっかしくて、本当に一人の人間として自立することは出来ない。人の言葉をきいて、その意味するところを正確に理解できるようでなければ、とうていその人がどのような人物であるか知ることはできない。

○子曰《しい》はく、苟《いやしく》も其《そ》の身《み》を正《ただ》しくせば、政《まつりごと》に従《したが》ふに於《おい》て何《なに》かあらん。其《そ》の身《み》を正《ただ》しくする能《あた》はずんば、人《ひと》を正《ただ》しくするを如何《いかん》せん。（子路）

子曰、苟正其身矣、於従政乎何有。不能正其身、如正人何。

〔通釈〕人の上に立つ者が自身の言動を正しく保っていれば、政治を行う上で何の心配も困難も生じたりはしない。指導者が自分の身を正しくすることができていないのに、どうして人のことを正すことが出来るだろうか。

○子路《しろ》政《まつりごと》を問《と》ふ。子曰《しい》はく、「之《これ》に先《さき》んじ、之《これ》に労《ろう》す。」益《えき》を請《こ》ふ。曰《い》はく、「倦《う》むこと無《な》し。」（子路）

子路問政。子曰、先之労之。請益。曰、無倦。

〔通釈〕子路が政治について問うた。先生は言った。「政治を行うものは、民に先んじて善を行い、民以上に自らが何ごとにも苦労を引き受けねばならない（そうすれば民も感化を受けて、進んで善を行い、進んで苦労を分かち合うようになってくれるだろう）。」子路はさらに、他にもっといい方法を教えてほしいと請うた。孔子は言った。「この教えを肝に銘じて、たゆみなく努めよ（政治に安直な方法はない。下手な工夫に逃げずに、実直に努めよ）。」

儒学は身分秩序を重んじていたから、階級格差に無批判だったとされ、共産革命後の中国では、一時、激しい孔子批判が行われた。

しかし孔子は、上に立つ者の義務についても厳しく指摘している。そもそも『論語』が説いているのは、人の上に立つ者の道徳であって、庶民に向かって「上にしたがえ」と述べているのではない。「目上の者の足を引っ張るな」と言っているのは、そうやって役人や王族が争っていると、政治が乱れて、下々の者が迷惑するからだ。秩序は上からの支配を支えるために大切なのではなく、下の者たちの生活を安定させるために大切なのだ。

人の上に立つ者は、他に先んじて苦労を引き受け、楽しみや成果を享受するのは最後にしなければならない。

以前鈴木宗男と共に政党を立ち上げた時、松山千春がテレビで「あの人は立派な人だ。昔は貧しくて小さな家に住んでいたが、みんなのためにがんばったから、今は立派な家に住んでいる」と真顔で言っていた。これには驚いた。「みんなのため」に働いたのなら、立派な家に住むようになったのは「みんな」であって、当人は相変わらず貧しい家に住んでいるのが、ふつうだろう。政治家になって、自分が立派な家に住むようになったということは、自慢にはならない。ましてや、応援する理由にはならないと思うが、どうか。

しかしこういう人は多いのである。政治家には清貧を求めながら、実際には相手が金がないと見ると、これを信用しなかったり、馬鹿にするのが、大衆というものだ。

金持ちにへつらい、自分より貧しいと見るや、これを馬鹿にする。大衆やメディアというのは実に不思議な性質を持っている。「格差拡大」を問題視するときは、金持ちを悪人のように糾弾する。そのくせセレブだの「豪邸訪問」が大好きだ。世襲議員を批判する際には、それを相続税の脱税のように批判する。その一方で、鳩山家の血脈だの、小泉代議士の四代目だの、吉田茂の孫だのといっては、当人にとっても迷惑な期待をかける。持ち上げたり腐したり、まことに忙しい。改めて中庸の徳たるを実感するしだいである。中庸は、事実を面白おかしい物語で粉飾せずに、ただ事実として見るところにはじまるのかもしれない。

一方、政治家など、人の上に立つ人間の言動はどうあるべきかというと、これは第三章でも述べたことだが、言葉で飾ることを控え、行動で示すべきだ、と孔子は述べている。上に立つ者には、それだけの権限が与えられているのだから、口ではなく、実際に成果を上げる責務を負っている。

○子曰《しい》はく、君子《くんし》は其《そ》の言《げん》を恥《は》ぢて、其《そ》の行《おこな》ひを過《す》ごす。（憲問）

子曰、君子恥其言而過其行。

〔通釈〕立派な人間は、口先ばかりになりはしないかと恥じて、大言壮語や美辞麗句を控え、実際の行動のほうが少しでも言葉を上回るように努めるものだ。

○子貢《しこう》君子《くんし》を問《と》ふ。子曰《しい》はく、先《ま》づ其《そ》の言《げん》を行《おこな》うて而《しか》して後之《のちこれ》に従《したが》ふ。（為政）

子貢問君子。子曰、先行其言、而後従之。

〔通釈〕子貢が君子とはどんな人かを尋ねた。先生は言った。「まずその言わんとすることを実行して見せてから、後でものを言う人である」と。

君子と小人は、ここが違う

君子のあるべき態度について、小人との比較という形で、分かりやすく示した語句もある。

○子曰《しい》はく、君子《くんし》は周《しゅう》して比《ひ》せず。小人《しょうじん》は比《ひ》して周《しゅう》せず。（為政）

子曰、君子周而不比。小人比而不周。

〔通釈〕君子はひろく衆人を慈しんでえこ贔屓《ひいき》をすることがない。人格が未熟なものは私情に偏して、広くみんなのことを考えることをしない。

○子曰《しい》はく、君子《くんし》は和《わ》して同《どう》ぜず。小人《しょうじん》は同《どう》して和《わ》せず。（子路）

子曰、君子和而不同。小人同而不和。

〔通釈〕立派な人間は人との融和を重んずるが雷同して流されることはない。つまらない人間は、人の意見に左右されやすいくせに、人との調和をはかれない。

○子曰《しい》はく、君子《くんし》は泰《たい》にして驕《おご》らず。小人《しょうじん》は驕《おご》りて泰《たい》ならず。（子路）

子曰、君子泰而不驕。小人驕而不泰。

〔通釈〕立派な人間のたたずまいは、堂々として落ち着いているが威張ってはいない。つまらない人間は、威張るのが好きで堂々たる風格がない。

○子曰《しい》はく、君子《くんし》は矜《きよう》にして争《あらそ》はず、群《ぐん》して党《とう》せず。（衛霊公）

子曰、君子矜而不争。群而不黨。

〔通釈〕立派な人間は、自らの信念を高く持して曲げることがないが、といっていたずらに他人と争わず、人々と共にあっても徒党に与《くみ》したりはしない。

○子曰《しい》はく、君子《くんし》は諸《これ》を己《おのれ》に求《もと》め、小人《しようじん》は諸《これ》を人《ひと》に求《もと》む。（衛霊公）

子曰、君子求諸己、小人求諸人。

〔通釈〕立派な人間は、何事も反省して自分の非を改めようと努めるが、小人は何事も他人のせいにしようとする。

『大学』には「君子《くんし》は諸《これ》を己《おのれ》に有《ゆう》して而《しか》る后《のち》に諸《これ》を人《ひと》に求《もと》む」という語もあるが、いずれもわが身やら、周囲の人々やらを見回してみて、「うんうん」と納得できるものだろう。「君《くん》子固《しもと》より窮《きゅう》す。小人窮《しょうじんきゅう》すれば斯《ここ》に濫《らん》す」も、語中の小人と、それを語る孔子の泰然たる姿が対照をなしていたと思われる。

君子は何をせず、何をするのか

世間には、真面目で正論ばかりを唱え、不正をせずに律儀に生きていると、損だという思い込みがある。果たして、そうなのだろうか。

長い目で見れば、決してそうではないと孔子は説く。だいたい、損か得かばかり考えていたら、楽しい人生はおくれない。君子は損かもしれないが、得をするよりずっと楽しく豊かに人生を過ごす。そしてけっきょくは、人々が慕い、人々が憧れるのは、君子のほうだ。ということは、やはり君子の生き方が人間的には「得」なのである。

○子曰《しい》はく、利《り》に放《よ》りて行《おこな》へば怨《うら》み多《おほ》し。（里仁）

子曰、放於利而行、多怨。

〔通釈〕利益で人を釣って物事を行っていると、人から怨みを受けることが多い。

人間は利につられやすい。日本の武家政治は、御恩と奉公で成り立っていた。御恩とはつまり領地などの恩賞を与えることである。あるいは本領安堵《ほんりようあんど》という既得権の温存。それを目当てに武士は主君に奉公するのである。鎌倉幕府が崩壊したのは、蒙古襲来を撃退するために多くの武士を動員しながら、これを撃退しても十分な恩賞を施すことができなかったのが、第一の原因だった。これで武士たちの心が、幕府から離れてしまったのである。

利で釣られた人間は、利が得られなくなったと分かったとたんに、離れていく。それどころか、たとえ正当に遇していたとしても、恨みを抱くことが少なくない。「人知《ひとし》らず、而《しか》して慍《いか》らず」でも述べたように、たいていの人間の自己評価は、客観評価よりも高いので、客観的に見た場合の「正当な評価」は、当人にとっては過小評価されたということになりかねないからだ。

敵の怨みは、目に付きやすく、こちらもはじめから怨まれていると分かっている。その意味では恐れるに足りない。「こんなに協力したのに、報われていない」という部下の不満こそが、上に立つ者が恐れなければならない最大の「怨み」であろう。どうすれば、それを避けられるのか。孔子は次のように述べている。

○子曰《しい》はく、躬《み》自《みづか》ら厚《あつ》うして薄《うす》く人《ひと》を責《せ》むれば、則《すなは》ち怨《うら》みに遠《とほ》ざかる。（衛霊公）

子曰、躬自厚而薄責於人、則遠怨矣。

〔通釈〕何事も自分に厳しく、他人を正すためにその非を責める際にはなるべく寛大に処すようにすれば、人から怨まれることは少ない。

孔子の思考は、一種の処世術を説く際であっても、道徳を離れることがない。「何をすべきでないか」はこれで分かるとして、では何をすればいいのか。

○孔子曰《こうしい》はく、君子《くんし》に三戒《さんかい》あり。少《わか》き時《とき》は、血気《けつき》未《いま》だ定《さだ》まらず。之《これ》を戒《いまし》むること色《いろ》に在《あ》り。其《そ》の壮《そう》なるに及《およ》んでは、血気《けつき》方《まさ》に剛《ごう》なり。之《これ》を戒《いまし》むること闘《たたか》ふに在《あ》り。其《そ》の老《お》ゆるに及《およ》んでは、血気《けつき》既《すで》に衰《おとろ》ふ。之《これ》を戒《いまし》むること得《う》るに在《あ》り。（季氏）

孔子曰、君子有三戒。少之時、血氣未定、戒之在色。及其壯也、血氣方剛。戒之在鬪。及其老也、血氣既衰、戒之在得。

〔通釈〕立派な人間は、正しい生涯を全うするために、年齢に応じて三つのことを自戒するものだ。若い時には、まだ道理を探求するための自分の考えや立ち位置が定まっておらず、ふらつきやすい。道を踏み外さないためには、欲望にかられて我を忘れやすいのでこれを戒め、特に色欲に注意する。

壮年期は血気が盛んになり、まさに脂の乗り切った活躍の時期であるが、人と衝突することも多くなる。この時期に特に自戒すべきは、人と争うことであり、頑《かたく》なになって無用の争いに巻き込まれないよう注意する。

老年期になると、気力体力が衰えてきて、欲望が薄くなる一方で、意欲が衰え、知らず知らずのうちに身の安全を図るようになる。この時期に戒めるべきは、自己保身に走って晩年の安楽のために蓄財や妥協に走らないように自覚することである。

これもまた「何をすべきか」ではなく、「何をすべきではないか」だ。『論語』には前述の

「君子《くんし》は和《わ》して同《どう》ぜず」などのように、君子はどういう存在かを説いた言葉は多いが、「何をすべきか」という語り方をした文言は少ない。たぶん君子は、何をしたいか、何をすべきかは、自分で決めるのである。だから孔子は、その「自分がしたい何か」という自己の理想に邁進《まいしん》するあまり、有為の人士（大成すれば立派な君子足り得る人）が、犯しやすい誤りを戒める言葉を、もっぱら述べたのだと思う。

正義感という「独善」を避ける

有為の人士は、理想に燃えるあまり、周囲が見えなくなったり、無関心な人々を軽んじたりという独善に陥りやすい。特に志を立てたばかりの若者は、理想の成就を性急に望むあまり、正義に由来する悪行にはしってしまうことさえある。

○子曰《しい》はく、勇《ゆう》を好《この》んで貧《ひん》を疾《にく》めば乱《らん》す。人《ひと》として不仁《ふじん》なる、之《これ》を疾《にく》むこと已甚《はなはだ》しければ乱《らん》す。（泰伯）

子曰、好勇疾貧、亂也。人而不仁、疾之已甚、亂也。

〔通釈〕勇気を好んで貧窮を憎む心が強すぎる者は、乱を起こしかねない。仁をないがしろにする人を憎むあまり、これをあまり激しく批判すると、乱を起こしかねない。

世の不正や不公平を憎むあまり、テロに走ったり、暴力革命を起こしたりするのは、こういう人であろう。孔子は、無為徒食の人間よりは、こうした若者のほうがたぶん好きだ。しかしもちろん彼らは間違っている。力ずくで社会を変えられたとしても、より大きな暴力によって、それは歪められてしまう。それは利でつられた人間が、利益を求めて裏切るのと同じだ。

社会の不正を正すのに、不正をもってしたのでは、本質は変えられない。その理を弁え、それでも理想を捨てない覚悟を持ったとき、その人は君子と呼んでもいいのだろう。とはいえ、立派な人間が生き難いというのも本当だ。腐敗した世の中で、人はどのように自分の信念を保ち、しかも人とぶつからずに生きられるのか。

○子曰《しい》はく、賢者《けんしゃ》は世《よ》を辟《さ》く。其《そ》の次《つぎ》は地《ち》を辟《さ》く。其《そ》の次《つぎ》は色《いろ》を辟《さ》く。其《そ》の次《つぎ》は言《げん》を辟《さ》く。
（憲問）

子曰、賢者辟世。其次辟地。其次辟色。其次辟言。

〔通釈〕賢者は世の中が乱れている時には、これを忌避して身を潜めているものだ。その次には、乱れた地を避けて、そこを離れる。その次は、主君の行いや態度を見定めて、これが悪いと見れば、避けて仕えない。その次には、主君と自分の意見がどうしても合わないと察したら、避けて仕えない。

孔子は基本的に平和主義者である。暴力は慎重に避けている。たまには怒って人を杖で殴ったこともあるのだが、それは自分の親の葬儀を笑って脱俗ぶってみせた男に対してだ。悪しきことを見て、これを改められたら最高だが、それが出来ないなら、自分が悪事に加担したり、それに染まったりしなくて済むように、身を避けるのが賢明である。

とはいえ、すべてを避けよ、いつも避けよといっているわけではない。自分がある職務についているなら、その立場上、しなければならないことは、きちんと果たせというのが孔子の教えだ。

○子路《しろ》君《きみ》に事《つか》へんことを問《と》ふ。子曰《しい》はく、「欺《あざむ》くことなかれ、而《しか》して之《これ》を犯《をか》せ。」（憲問）

子路問事君。子曰、勿欺也、而犯之。

〔通釈〕子路が主君に仕える正しい在り方について尋ねた。先生は言った。「誠実に勤めて嘘偽りがあってはならない。そして主君にもしよくないところがあると思ったならば、身分の隔たりという遠慮を犯して、あえて思うところを諫言せよ」

主君が誤ったことをしそうになったら、不興をかうおそれがあっても、あえて諫言するのが、本当の忠臣だ。忠臣はそのようにして主君を正道に導き、民を安んずる助けをする。耳に痛い諫言を謙虚に聞くのが君子だ。そういう立派な主君を選んで仕えるのが、立派な臣下であり、両者ともどもに「君子」といえるだろう。

現実の問題として、そのような関係を築く上で必要なことは、単に正直なだけでは足りない。余裕を持って接するだけの心の豊かさが必要だ。

○子曰《しい》はく、君子《くんし》は貞《てい》にして諒《りよう》ならず。（衛霊公）

子曰、君子貞而不諒。

〔通釈〕立派な人間は道理に真っ直ぐにしたがうが、といってバカ正直に頑なではない。

君子は頑なではなく、たぶん余裕を持って言葉を選んで諫言したり、態度で示して諭したりもするのであろう。この言葉にも、悲愴な一刻さはなく、ユーモラスな余裕が感じられる。孔子はたぶんよく笑う人だった、と私が考える所以である。

最後の砦は「人間らしい死」

現実世界を生きるというのは、妥協の連続だ。そのことは孔子も認めている。自分一個の精神的楽園を目指すことを否定する孔子は、世の中がどんなに世知辛くとも、これを見捨てないようにと人々に説いている。

では、妥協の限界点はどこに設定すればいいのだろう。

○子《し》貢《こう》政《まつりごと》を問《と》ふ。子《し》曰《い》はく、「食《しょく》を足《た》し、兵《へい》を足《た》し、民《たみ》之《これ》を信《しん》ず。」子《し》貢《こう》曰《い》はく、「必《かなら》ず已《や》むことを得《え》ずして去《す》てば、斯《こ》の三者《さんしゃ》に於《お》いて何《なに》をか先《さき》にせん。」曰《い》はく、「兵《へい》を去《す》てん。」子貢曰《しこうい》はく、「必《かなら》ず已《や》むことを得《え》ずして去《す》てば、斯《こ》の二者《にしゃ》に於《お》いて何《なに》をか先《さき》にせん。」曰《い》はく、「食《しょく》を去《す》てん。古《いにしへ》より皆死《みなし》あり。民信《たみしん》なくば立《た》たず。」（顔淵）

子貢問政。子曰、足食、足兵、民信之矣。子貢曰、必不得已而去、於斯三者何先。曰、去兵。子貢曰、必不得已而去、於斯二者何先。曰、去食。自古皆有死。民無信不立。

〔通釈〕子貢が政治についてたずねた。先生は言った。「食糧を十分にし、軍備を厚くし、人民から信頼してもらえる安定した社会を築くことだ。」（子貢が）言った。「どうしても已むをえずにこの三者のなかからどれかをあきらめて捨てざるをえないとしたら、どれを先にしますか」（先生は）言った。「軍備を捨てる。」（さらに子貢が）言った。「どうしても已むをえずに捨てざるを得ないとしたら、残る二者のどちらを捨てますか。」（先生は）言った。「食を捨てる。もちろん、食べなければ人は死ぬが、古来、誰でも死は逃れられない。だが信頼なくしては、人間は真に人間としては立ち得ない。」

これは究極の選択をめぐる問答だ。師弟が交わす言葉のあいだで、火花が散っている気がする。食・兵・信という国家の基礎は、生存・強さ・信頼（精神）と言い換えてもいいだろう。つまり、「食か、信か」という命題は、「動物的生存か、人間的死か」の二者択一を問うものである。

このような問いを発する子貢は非常識だが、これに真正面から答える孔子も、かなり非常識である。『論語』を読んでいて感じるのは、孔子は礼儀を重んじるが、常識にはとらわれないということだ。だいたい、目先の利益にとらわれず、永劫の未来に跨《またが》る天下万民のためを考えている点で、彼は奇矯《ききょう》な人なのである。だから政治家なら、はぐらかして誤魔化すであろう問いにも、正面から答えるのである。

孔子は、「食を捨てる」と言う。「人間はどうせ死ぬ。それならせめて、人間として死にたい」というのである。

これと似た言葉が『聖書』にも出てくる。悪魔に地上の栄華を示されたキリストは、これを退けて、「人はパンのみにて生きるに有らず」と言うのである。しかしキリストは、「人はパンなしで生きられる」と言ったわけではない。

一方、『史記』の伯夷伝には、武力で正統な王から政権を奪った覇者のもとで生きることを恥とした兄弟が、共に山中に逃れ、山菜のみを食しながらやがて餓死したという逸話が伝えられている。

「現実政治」の条件とその限界は、それが庶民の物質的生活を支えなければならない、という点にある。したがって人民を死なせるような政治があってはならない。孔子もそれは分かっていたはずだ。ただ孔子は、物質的な死よりも、精神的な死を嫌ったのだと思う。

また、これは「政治」がなすべきことをめぐる問答なのだから、このように解することもできるのではないか。食・信のいずれかを捨てねばならないときとは、その国家の存亡の際である。国民に食を保障できない国家は、すなわち滅びる。信なき国もまた。その極限状態で、為政者はどちらを守るべきか。物質的な崩壊が来れば、その瞬間に国家は崩壊するが、人民は占領下でも生きられるかもしれない。そして滅んだ故国が信義を守って滅亡の日を早めたなら、いずれ国民が国家復興を為すかもしれない。だが、為政者が国家体制の延命に汲々として物質面を優先させると、人民の精神は荒廃し、その国家も国民も、内面から滅んでしまう……。

あるいはここで、食を断って死するのは士大夫以上の人々であったろうか。

孔子はこのようにも述べている。

○子曰《しい》はく、志士仁人《ししじんじん》は生《せい》を求《もと》めて以《もっ》て仁《じん》を害《がい》すること無《な》し。身《み》を殺《ころ》して以《もっ》て仁《じん》を成《な》すことあり。（衛霊公）

子曰、志士仁人、無求生以害仁。有殺身以成仁。

〔通釈〕志を抱いていたり、仁に達している人は、命を惜しんで仁を傷つけるような道理に外れたことをすることはない。むしろ身を捨ててでも、仁を全うしようとするものである。

志ある人間は、その志に殉ずることが出来る。「君子固《くんしもと》より窮《きゅう》す」なのだから、窮した果てに君子として死することも、あるいはあるかもしれない。

しかし民は死なせてはならない。孔子は民を導きがたい存在と見ているが、それは見方を変えると、政治が彼らを巻き込み、不幸にしてはならないということでもある。孔子の考える身分秩序は、差別ではなく、区別なのだと私は思う。

民主主義について――政治は「巧言」よりも「実行」であるべき

○子曰《しい》はく、民《たみ》は之《これ》に由《よ》らしむべし。之《これ》を知《し》らしむべからず。（泰伯）

子曰、民可使由之。不可使知之。

〔通釈〕一般人民を感化して従わせることは出来るが、なぜそうすべきであるのかという理由を理解させることはできない。

江戸時代には、この文言は「由《よ》らしむべし、知《し》らしむべからず」と略した上で、意図的に曲解され、民衆は信じさせればよく、理由を知らせる必要はないという意味に用いられる風潮があった。あるいは元々は、そうした為政者に対する風刺として江戸っ子あたりが言い出したのかもしれないが、その風刺の上に開き直って、さらにひどいことをやってのけるのが、日本の政治家である。天下を治めるに当たって、民衆の信頼を求めることもなく、ましてや理解も了解も求めない政治が、長く続いた。「それでいい」というのが、権力者の偽らざる体質である。そのせいもあって、戦後の民主主義社会では、「由らしむべし、知らしむべからず」は、まさに悪しき封建制度の代名詞のように使われた。

ところで「何々しむべし」という語は「させることができる」と訳すべきで、「させるべきである」というのは曲解である。「民に信じてもらうことはできるが、治者の心根を理解させることはできない」のだ。その点を踏まえた上で、この言葉を「民衆は信じさせるべきであり、理由を知らせるべきではない」とあえて曲解したとしても、それはなお、権力者の責任の重さを説く言葉以外には取りようがない、と私は思う。

『論語』には、よく「君子」「小人」「民」といった言葉が出てくる。君子は身分ある人の意もあるだろうが、本書ではもっぱら「立派な人」と訳してきた。「小人」は取るに足らない者であり、志の低い人を指している。しかし、小人にはどうやら、低いながらも志があるというニュアンスも感じられる。孔子は最低限、自分の私利私欲からでも学問を志しているものしか相手にしておらず、「小人」はぎりぎり、更生可能な（やる気のある）相手として捉えられている節がある。だから小人を戒める言葉が、『論語』には出てくるのである。

これに対して「民」は慈しむ対象ではあっても、教導し、互いに高めあえる対象とはされていない。『論語』でいう民とは、身分としての庶民を指していると同時に、志を持たずにただ言われた通りに生きている匿名の人々を指している。だから庶民の出身でも、志を持って学ぶ者のことは、おそらく孔子は民とは呼んではいないのである。
孔子は為政者に対して、そうした匿名の人々が安心してついてこられる結果を示す政治をせよと説いているのである。すると「知らしむべからず」には、もうひとつのニュアンスがあることになる。それは「民に向かっていいわけをするな」ということである。政治は結果を出して民を安んずればよく、実行もしないで、あれこれ説明をしたり約束するのは「巧言」なのではないか。民を巧言で釣るのは、よろしくない。

多数派は必ずしも正しさを意味しない

とはいえ、孔子が民の見識を認めていなかったのは確かだ。その証拠に、次のような言葉も残っている。

○子曰《しい》はく、衆之《しゅうこれ》を悪《にく》むも必《かなら》ず察《さつ》し、衆之《しゅうこれ》を好《この》むも必《かなら》ず察《さつ》す。（衛霊公）

子曰、衆悪之、必察焉、衆好之、必察焉。

〔**通釈**〕民衆の判断は公正で的確なものとは限らない。だから人々が悪く言っているものでも、それを鵜呑みにせずに自らきちんと相手を見定めるべきだし、人々が好んでいるからといって、これを鵜呑みにせずに自ら判断する必要がある。

「みんながそうだといっているから」というのは、現代の日本の若者もとても好きなセリフである。「流行っている」「ウケる」というのも、他人任せの価値観だ。日本ではそれが「保守的」で「穏健」で「無難なこと」と思われている節もあるが、保守的で穏当な思想家の代表のように思われている孔子は、断然、これを退けるのである。「他人の顔面をうかがうな。自分の好みに従え」と。

多数派の判断が正しいとは限らない。また、たとえそれが多数派の人々にとって好ましいものであったとしても、自分がそれに従う必要はない。自分は自分の判断に従うべきなのだ。もちろんそれは、自己を磨くという別の孔子の教えをセットにしたうえでのことだが。

孔子は、「民」を信用していないところがある。というか「信じるに足るだけの努力や反省をしない人間」を「民」と呼んでいる節がある。孔子は人の上に立つ者が、偏見に囚われることを戒めた。偏見の最たるものは、自分の好みを他人に押し付けるということだ。

大衆社会もまた、多様化しているようでいて、自分たちが理解できないもの、自分と違うものを憎み、排斥しようとする傾向がある。ポピュリズムは全体主義に通じる。「みんなと同じ」が当たり前で、ちょっと自分たちと違うと「ヘンだ」と見なす社会では、イジメが横行し、個性が抑圧される。哲学者が大衆社会を憎むのは、このためだ。だいたい哲学者は、個性的な人間であるからして。

民主主義は絶対か――有権者の欲望による支配

ソクラテスは理想的な政治形態として、優秀者支配制をあげたことが知られている。これに比するに、堕落した政治形態としては名誉支配制、寡頭制、僭主制、それに民主制の四種類をあげた。ソクラテスによると、英雄願望に結びついた名誉支配は軍人の台頭を招きやすいという。それに寡頭制は富裕な者が政治を牛耳ることになるという。

思えばフランス革命後のナポレオンや、ワイマール共和国のヒンデンブルグ大統領（軍の元帥）などが民衆に支持されたのは、こうした英雄願望・名誉政治の危険に属することなのかもしれない。ロシア革命後のスターリン支配や北朝鮮の「将軍様」に至っては、名誉支配制なのか僭主制なのか区別をつけがたい。

一方、アメリカ合衆国の現状も、ほとんど民主主義というよりは富者による寡頭制に近い。

選挙が行われてはいるものの、いくつかの家系によって実質的に国家が支配されている点で（しかも、それが富者政治家の家系である点で）、吉田－麻生家の自民党や鳩山家の民主党など世襲議員のひしめく日本も、民主制なのか寡頭制なのか分かりはしない。

　そもそも民主制は、有権者の意識が低いとすぐに名誉支配制（軍人支配）や、寡頭制（富者支配）を招いてしまうという危うさを、多分に帯びている。そのことをソクラテスは、紀元前の昔に指導していた。

　さらにソクラテスは、民主主義自体の問題点をあげている。民主制は一般庶民が支配権を持つ制度であり、そこでは自由と平等が社会の原理となる。だが、この二つは原理的に対立を秘めている。無軌道な自由の要求は他人の自由を侵犯し、逆に平等の要求は、自己と異なる者からの搾取や抑圧を生む。訓練されていない民衆の行動は扇動や宣伝に乗せられやすく、甘言に釣られやすい（「巧言令色《こうげんれいしょく》鮮《すく》なし仁」！）。だが、無原則に平等な社会では、民衆を「教育」することすら、不平等感を生むだろう。教育は知識や徳性の格差を前提にしているからだ。

　アリストテレスも『政治学』のなかで、誤った国家システムの例として、僭主制、寡頭制、民主制をあげていた。アリストテレスによれば、僭主制は独裁者の、寡頭制は富者の、民主制は民衆の、それぞれの欲望による支配である。つまり為政者（主権者）自身が、自分のための政治をしようとする点で、これらは共通しているのだ。

民主制は、民衆自身による政治であるという点で、僭主制や寡頭制とは違う、とわれわれは考えがちだ。しかしわれわれが「民衆のため」と考えるとき、そこで推し量られているのは実は「自分の生活」ではないだろうか。

街頭インタビューなどで、マイクを向けられた現代の一般市民は、よく「庶民が安心して暮らせる世の中にして欲しい」といった答えをする。しかし具体的な「庶民の安心」の中身は、その人の年齢や職業によって異なっている。若者は就職支援や子育て支援を望んでいるし、高齢者は医療や年金への関心が高い。収入の少ない人は累進課税制度を求めるのに対して、高額所得者は反対する。これらはいずれも、結局は自分の欲望を優先した要求である。

だが、もちろん彼ら（われわれ）はそれを有権者の欲望とは考えていない。何しろ「私は庶民」なのだから。つまり、庶民が考える「庶民のため」は「自分のために社会は努力してほしい」であり、「自分以外の庶民のために私が努力する」ではないのである。

孔子は弱者が他人のために配慮する余裕がないことを、咎《とが》めはしない。そういう弱者のために、彼らに代わって配慮する責務を、上に立つ者たちに課している。その一方で、自分は弱者なのだから配慮されて当然だと主張する類の似非《えせ》弱者を斥《しりぞ》ける。

人は本来平等だと考えていればこそ、孔子は努力しだいで何かをなしうる人間には、自分自身で立つことを求め、それをしない怠慢を激しく叱責もする。その一方で、そのスタートラインに立ち得ない「民」なる人々には、仁慈《じんじ》を施すべきだとしているのである。

ここにあるのは、自由競争と福祉社会を両立させる思考だと私は感じている。

第九章　教育には何が可能か

「生まれながらの天分」か、「心がけと努力」か

学を志す者の心構えについては第二章で既にみた。しかし社会的な格差や身分・立場の別をめぐる孔子の考えを踏まえたうえで、ふたたび学ぶことの意味を確認し、そして教え導く側の心得に関する言葉に、耳を傾けてみよう。

○子曰《しい》はく、性《せい》は相近《あひちか》し、習《なら》へば相遠《あひとほ》し。（陽貨）

子曰、性相近也。習相遠也。

〔通釈〕人の性質は元々は誰も似通っていて大差はないが、何を学ぶか、いかにして学ぶかによって、次第に違いが広がっていく。

○子曰《しい》はく、教《をし》へありて類《るい》なし。（衛霊公）

子曰、有教無類。

〔通釈〕教えを受けて学ぶ気があるか、真摯に学んでいるかによって、人間のあいだに開きが出てくる。元々人間に種類の別があるわけではない。

孔子は身分制度を前提にした社会秩序を肯定している。しかし、人間に本質的な格差があるとは考えてはいなかった。大切なのは志の有無であり、その継続的な実行だとしている。その一方で、能力や資質に個人差があるとも考えていた。これは教育者としての実感でもあっただろう。

○孔子曰《こうしい》はく、生《うま》れながらにして之《これ》を知《し》る者《もの》は上《じょう》なり。学《まな》んで之《これ》を知《し》る者《もの》は次《つぎ》なり。困《くる》

しんで之《これ》を学《まな》ぶは又《また》其《そ》の次《つぎ》なり。困《くる》しんで学《まな》ばず、民斯《たみこれ》を下《げ》となす。（季氏）

孔子曰、生而知之者上也。學而知之者次也。困而學之又其次也。困而不學、民斯爲下矣。

〔通釈〕人にはそれぞれの資質があって、生まれながらにして平等とはいえない。努力をしなくても生まれながらにして道理を体得している人物は、最上といえる。自ら進んで学ぶことによって、道を弁えるようになった人物は、その次にいい。困った事態に遭遇してから、物の道理を学ぶべきことに思い至り、努力するようになったものは、それに次ぐ。困ったことになっても学ぶことをせず、自分を変えようとしない者は、世の人々からも低く見られる。

学問であれ技芸であれ、何かに精通するために一番大切なのは、努力することか、それとも生まれながらの天分か。

孔子は「能力の差はある」と認めている。しかし「能力の差より大きいのは、本人の心がけだ」とした。問題は、どうすれば学ぶことの必然性を、本人が自覚するかだ。

教育によって格差は縮まりもし、拡がりもする

戦後の日本では一貫して格差が是正されてきたと思われてきた。実態はどうあれ、バブル経済頃までは（バブル期にはバブル期で、格差拡大が問題視されたものだが）、日本全体が右肩上がりの幻想に包まれていたので、格差があるなりに「自分の生活もよくなる」とみんなが何となく思い込んでいられた。だが二十一世紀に入る頃から、事情が大きく変わった。経済や学歴などの格差が拡大していると言われ出し、やがてそれが階層格差といえるものにまでなりつつあるということで、社会問題になっている。

現在では「格差社会」問題は、結婚できるとか、果ては「モテる／モテない」といったことまでが、社会構造による格差として論じられることすらある。たしかにそれらも、収入や家庭環境に関連があるという統計データがあり、社会的な問題でもあろうが、それを言いはじめたら親の遺伝子が違うこと自体を問題視しなければならないだろう。

だが、出生条件の「平等化」のためには、逆に優生学的な出生管理が必要だ……などと言う話になりかねない、と私は危惧している。またユートピア思想の系譜には、子供が育つ環境格差を是正するために、赤ん坊が生まれるとすぐに親元から切り離し、「社会の子供」として平等に育成・教育すべきだと考える一派があった。実はナチス・ドイツは、一部、それ

を実行している。ポーランドなどの占領地域で生まれたアーリア人種的な赤ん坊や幼児を、家庭から切り離し、「社会の子供」として教育しようと試みたのである。だが、その結果は惨憺《さんたん》たるもので、そのようにしてナチス流のエリート教育を施された子供たちは、大人になってからも長らくトラウマに苦しむことになった事実が知られている。

孔子は家庭を、その人間が守り愛すべき原初的な最小社会単位と考えた。もちろん家庭は、それぞれに特質があり、格差がある。個々の人間は、持って生まれた性格も違ううえに、生まれた後に育つ家庭環境も、ばらばらである。そのことを事実として認めたうえで、格差を克服し、また個性を磨くためにこそ、教育はある。

○子張《しちよう》善人《ぜんにん》の道《みち》を問《と》ふ。子曰《しい》はく、迹《あと》を践《ふ》まず。亦室《またしつ》に入らず。（先進）

子張問善人之道。子曰、不践迹。亦不入於室。

〔通釈〕子張が善人の生き方について尋ねた。先生は言った。「善人というのは生まれながらの気質であって、聖賢の教えをきちんと学び踏まえたものではない。それでも天分のおかげで大きく道から逸《そ》れることはないが、道理の奥義に達してはいない。」

天分も磨かなければ、ただの原石、つまりは石塊《くれ》である。「栴檀《せんだん》は双葉より芳《かんば》し」といっても、そこから育たなければ意味はない。最終的には、孔子は天分よりも努力を重視している。たとえ天分に恵まれていなくても、しっかりした意志をもって努力するなら、きっと目標を達成できる。凡夫にも希望を与えてくれる言葉である。

「やる気はあるんだけど」はやる気ではない

孔子は、本人の「やる気」を何よりも重視する。

○子曰《しい》はく、三軍《さんぐん》は帥《すい》を奪《うば》ふべし。匹夫《ひっぷ》も志《こころざし》を奪《うば》ふべからず。（子罕）

子曰、三軍可奪帥也。匹夫不可奪志也。

〔通釈〕三軍を率いる大将といえども、一人の人間だからこれを奪い捕えることはできる。しかし一人の弱い人間に過ぎなくとも、その心のうちにある確固たる志を奪うことは、誰にもできはしない。

志は尊い。そして本当の志は、必ず行動を伴う。
「やればできる」という言葉は、励ましであると同時に叱責でもある。「やればできる」のだから「やらなければできない」。そして「できない」のはほかでもない「やらない」自分の責任である。「やる気はあるんだけど」とか「これが終わってから、ちゃんとやる」というのは、やる気があるうちには含まない。

○子曰《しい》はく、人遠《ひととほ》き慮《おもんぱか》りなければ、必《かなら》ず近《ちか》き憂《うれ》ひあり。（衛霊公）

子曰、人無遠慮、必有近憂。

〔通釈〕遠い将来のことを見据えて思慮をめぐらせて、あらかじめ備えるようにしておかないと、必ず近いうちに困ったことになる。

これは、親が子供に言わなければならない小言のひとつであり（親ならたぶん、似たようなことを言った経験が、一度や二度はあるだろう。私は子供の頃、よく言われた）、子供が嫌う小言のひとつである。

「そんなことでどうするの。将来はどうするつもり」「そんなの、カンケーないじゃないか。今がよければいいんだ」

「今がよければそれでいい」というのは、刹那《せつな》的な享楽主義に見えて、実はそうではない。この科白《せりふ》を口にするとき、その人は、たいてい「今」も、あまり良い状態ではないのである。本当に今がよければ、問題は生じず、他人にも迷惑はかけないものだ。周りから見て危うく見えるとしたら、既に今はよくない状況になっている。それを認めるのが怖いから、「カンケーない」などと言う。

未来のことなんて考えるゆとりがない。世の中がどうなるか分からないから、備えをしても役に立たない。——という考え方も、一理あるようでいて、単に易《やす》きに流れているに過ぎない。「何があっても大丈夫なように」するのが備えである。それは、状況に備えるのではなくて、自分自身という人間を磨くということに尽きる。

人材育成を怠る組織は、すでに破綻している

将来を見据えて、今の自分を磨くことに心を尽くすべきなのは、個人だけではない。どん

な組織も、未来を見据えた教育・研修に重きを置かなければ、先細りになっていくのは必定《ひつじょう》だ。

○子曰《しい》はく、教《をし》へざる民《たみ》を以《もち》ひて戦《たたか》ふ。是《こ》れ之《これ》を棄《す》つと謂《い》ふ。（子路）

子曰、以不教民戦、是謂棄之。

〔通釈〕訓練して心身の鍛錬をさせていない一般民を戦争に駆り立てる。これはその人民を捨てるにも等しいことである。

人は適切な教育や訓練を施せば、そこそこ強くもなるし、賢くもなり得る。しかし訓練や学習ができていなければ、ものの役に立たない。役に立たないものを戦場に送り出したなら、戦《いくさ》には敗れ、その国家は危うくなるだろう。

これは戦時の軍事教練の話だけではない。平時の国家運営でも、企業でも同じである。教育には金がかかるものだが、国家を興隆させるには、国民教育の充実を図らねばならない。

明治新政府は、まず教育投資に金を注ぎ込んだ。国民の教育が成功すれば、その国家は将来、きっと繁栄する。社会秩序もよく保たれて、国民一人ひとりにとっても住みやすい世界になる。

企業であれば、社員教育が行き届いていれば、新製品の開発が進んだり、生産過程での不良品発生などのロスが少なくなるなどの効率化も図れ、消費者から支持されるようになる。それらは命令によって達成されるものではなく、実務に就いている者たち一人ひとりの技能と心がけにかかっている。

目先のことに追われて、人材育成という最も基本的な投資を怠るようでは、その国家・企業は既に敗北しているのであり、既に滅亡への道を歩んでいるといっていい。

ところで私は、この言葉を読むたびに太平洋戦争の特攻隊を思い出す。よく訓練すれば、軍人としてももっと働きようはあったろうし、軍人以外のそれぞれの志望する学問領域に進ませてやれれば、よほど社会のためにも役に立ったであろう若者たちが、その尊い命を散らした。特攻を組織的に仕掛けた段階で、すでにそんな国家は滅んでいたのである。

「グローバリゼーションのなかで競争に打ち勝つ」いうスローガンの下、即戦力になる人材を重んじ、社内で人を育てるよりも、どこからか優秀な人間を引き抜いてくるほうが効率的だ――などと考える企業が、日本でも増えた。

その結果、新卒採用の枠は絞《しぼ》られ、鍛えれば伸びる人材も、伸びる機会を失ったまま埋もれることになった。それは半ばは本人の責任だが、それでも企業や国家がこうむった損失も計り知れないのだから、本当の意味で賢明な方法とはいえなかったのだと思う。

目先の利益を追うあまり、長期的なビジョンを見誤ったのが、二十世紀末から二十一世紀初頭にかけての「グローバルスタンダード」だった、と私は思う。経済成長が止まるのは、当たり前だったのだ。

指摘される前に、自分の非に気付くことの難しさ

人間は常に何らかの間違いを犯し続けている。それでいて、なかなか間違いを認めない。あるいは認めるにしても、どこか他人事のような反省の仕方しか、しないことが多い。「あの時は仕方がなかった」「自分の立場では、どうすることも出来なかった」――それは反省しているようでいて、自己正当化し、責任逃れをしているに過ぎない。だから凡人は、同じ失敗を平気で繰り返してしまう。

○子曰《しい》はく、已《や》んぬるかな。吾未《われいま》だ能《よ》く其《そ》の過《あやま》ちを見《み》て内《うち》に自《みづか》ら訟《せ》むる者《もの》を見《み》ず。（公

治長）

子曰、已矣乎、吾未見能見其過而内自訟者也。

〔通釈〕何たることだ。私はまだ自分で自分の過ちを見つけて、心のうちで自ら責めて、これをきちんと改められる者を見たことがない。

この激しい反省というか、嘆き方は、あるいは自分の弟子たちを前にして述べた言葉だからだろうか。孔子の弟子たちは、師の言葉を重んずること篤く、非を指摘されれば改める努力をした。しかし師から指摘されるに先んじて、自分で自分のよくないところに気付くことは稀だったのかもしれない。孔子はそれを嘆いているのだろう。

「叱られる前に、自分のことなんだから、自分で気付いて、きちんとやれよ」というのは、親なら誰でも口にしたことがある小言のひとつだろうが、大人だって、なかなかできないのである。

「正しい反省」は、まず「正しい判断」のなかから生まれてくる。そもそも孔子は、失敗を避けるべく、あらかじめ慎重に考える人だった。

○子曰《しい》はく、吾《われ》の人《ひと》に於《お》ける、誰《たれ》をか毀《そし》り誰《たれ》をか誉《ほ》めん。如《も》し誉《ほ》むる所《ところ》の者《もの》あらば、其《そ》れ試《こころ》みる所《ところ》あるなり。斯《こ》の民《たみ》や三代《さんだい》の直道《ちょくどう》にして行《おこな》ふ所以《ゆえん》なり。(衛霊公)

子曰、吾之於人也、誰毀誰譽。如有所譽者、其有所試矣。斯民也、三代之所以直道而行也。

〔通釈〕私は人に対する場合、いたずらに誰かを謗《そし》ったり、誰かを誉めたりすることはない。もし誉めることがあるとすれば、これが正しいものであることをよく確かめ、今後もゆるぎないだろうと確信した上でのことだ。今の人であっても、三代(理想とされる古代中国の夏・殷・周の時代)の人のように、真っ直ぐな道理をわきまえ行う人はいる。

孔子は他人の言葉を鵜呑みにしない。それは他人を信用しないからではない。人間を信じたいからこそ、安易に信じないのである。「信じる」ということそれ自体が、孔子にとっては重い責任を伴うものだった。「いい人」だからといって賢いとは限らず、賢いからといって勇気があるとは限らない。安易に信じると、かえって他人を恨まなければならないことになりかねない。

○子曰《しい》はく、徳《とく》ある者《もの》は必《かなら》ず言《げん》あり。言《げん》ある者《もの》は必《かなら》ずしも徳《とく》あらず。仁者《じんしゃ》は必《かなら》ず勇《ゆう》あり、勇者《ゆうしゃ》必《かなら》ずしも仁《じん》あらず。（憲問）

子曰、有徳者必有言。有言者不必有徳。仁者必有勇。勇者不必有仁。

〔通釈〕徳のある人はいろいろと思うところがあるので、その人格が表にもあらわれて、その言うことには深い意義がある。しかし意義深そうな言葉を発するからといって、必ずしもその人が徳のある人物とは限らない。仁ある者は私欲を離れて道理に従っているので、その行動には必ず勇気が伴っている。しかし勇気がある者が、かならず仁をわきまえているとは限らない。

「信じていたのに」……という怠惰

言葉を聞くときにこれほど慎重なのだから、言葉を発する場合は、さらに厳格な自戒を求めている。

○子曰《しい》はく、其《そ》の之《これ》を言《い》ふや怍《は》ぢざれば、則《すなは》ち之《これ》を為《な》すや難《かた》し。（憲問）

子曰、其言之不怍、則爲之也難。

〔通釈〕未だ実現していないことなどを語るときに、自分の言葉を恥じらい恐れる気持ちがないようであれば、それは真剣に考えているとはいえず、実行するのは難しい。

行動としては矛盾しているのに、あくまで前言を撤回せず、自分の非を認めない政治家がいる。往々にして国民は、言動の内容を検証することなく、ただその堂々とした態度や、巧みな弁舌に魅了されて、「きっと正しいのだろう」と思い込む。ヒトラーは、少なくともはじめの頃は合法的な選挙で多数派となって政権を得たのである。イタリアのムッソリーニは「オペラ歌手のように国民を魅了し、オペラのような悲劇を国民に与えた」といわれた。そのような「代表者」を、国民が選んでしまったのである。

戦前の日本でも、軍部が台頭するのは、普通選挙が実施されるようになってからだった。

二大政党が選挙のたびに激しく争い、出来もしない公約を国民に語り、議会政治への不信感が高まった。テロが頻発し、国民の辛抱は「自分たちと同じ平民よりも、高貴な血筋の人に、何とかしてもらいたい」という形で、貴族院の近衛文麿に向かった。

近衛は、軍部を押さえきれず、国民も微温的な平和より「何かもっと、ぱっとする打開」を望んで、軍部の台頭を許した——というよりは、それを望み、支持さえした。「信じていた」というのは、自分も欲望がらみで悪事に加担した自称・弱者の詭弁《きべん》である。「満洲や中国大陸部が日本のものになったら、自分も余得に与《あず》かれる」という国民の欲望が、戦争を後押ししたのだ。

政治家の質は、国民のレベルに合っている、という説がある。代議制民主主義では、国民が選挙で政治家を選ぶのだから、その政治家がしでかしたことのツケを、国民が払わせられるのは仕方がない。軍部の台頭を許してしまったことも、国民に責任がないとはいえない。「信じていた」ことの責任は重いのである。

とはいえ、乗せられるほうも愚かだが、騙して乗せるほうが悪いには決まっている。だいたい「政治家の質は国民のレベルに合っている」といっても、政治家の質が国民の平均値であっていいわけではない。われわれの代表である以上は、統治に関わる政治家や高級官僚は、われわれの最高最良の部分であってほしい。

庶民は、自分自身がその最高最良の知性と人格に到達できずにいるのは仕方がないとしても、いやしくも有権者であるなら、安易に希望を他人に託さず、じっくりと立候補者の主張に耳を傾け、その政策を検討する努力をしなければならないだろう。普通選挙制度は、その程度の社会的努力と責任能力を、有権者に求めている。

民主主義体制下の政治・政治家には、情報の開示と分かりやすい説明が求められる。しかし大切なのは真実であって、分かりやすさではない。分かりやすさは、真実を分かりやすく伝えるために必要なのであって、分かりやすくするために真実を適当にごまかして粉飾するのは、ぜんぜん分かりやすくないのである。

身分制度下の時代ならいざ知らず、代議制民主主義体制下の民衆は、国家の主権者であって、孔子時代の「民」とは違う。為政者を選びうるという点では士大夫なみ（あるいはそれ以上）の責任と権利を有している。それでいながら、「分かりやすさ」を求め、安易に「信じて」しまうのだとしたら、その人は善良なのではなくて怠惰なのであり、それ自体、消極的に悪政に加担していることになる。

努力しうる能力があるのに、努力を怠る人間を、孔子は強く非難しているが、われわれはまさに学ばねばならない義務を負っている存在なのである。

何のために、誰のために、学び、考えるのか

「義務を負う」という意味を、誤解してはいけない。それは他人のための義務ではない。自分自身の尊厳のための義務なのである。

○子曰《しい》はく、古《いにしへ》の学者《がくしや》は己《おのれ》の為《ため》にし、今《いま》の学者《がくしや》は人《ひと》の為《ため》にす。（憲問）

子曰、古之學者爲己、今之學者爲人。

〔通釈〕同じく道理を探求しようとしているとしても、昔の学者は、自分を高めたいという内発的な志でそれをしていたのに対して、今の学者は他人から称賛されたいという気持ちから、行っている。

夏目漱石は講演『道楽と職業』のなかで、職業としての仕事は、他人のためにするものなので、だからダメなのだという意味のことを述べている。漱石も誤解を恐れて「人のためにするという意味を間違えてはいけませんよ。（中略）人のためにというのは、人の言うがままにとか、欲するがままにといういわゆる卑俗の意味で、もっと手短かに述べれば人の御機嫌を取ればというくらいの事に過ぎんのです。人にお世辞を使えばと云い変えても差支ないくらいのものです」と説明している。ようするに商人の態度である。

教師と商人の違いは、相手のためになるというその「ため」の種類の差に由来するだろう。商人は自分が気に入ったものではなく、お客さんが望む品物なりサービスなりを提供するものだ。「自分の好みよりもお客の好みに合わせる」――それが商人の道徳である。しかし教師は違う。教師は生徒の好みに合わせて授業をすべきではない。そして自分の好みに合わせて授業してもいけない。自分が求める学問なり徳性なりの高みを目指して、ともにその高みを目指す後進であるところの生徒と共に、自分も苦労し、生徒にも苦労させて学ばせるのが、本当の教師だ。

「古《いにしへ》の学者《がくしや》は己《おのれ》の為《ため》にし」というのは、自分の欲得のためという意味ではなく、自分自身を高めるために学問をしたという意味である。夏目漱石は自分の生き方を「自己本位」と規定したが、それは利己主義とはまったく違うし、西洋由来の個人主義とも異なっている。漱石の自己本位は、『論語』の「古《いにしへ》の学者《がくしや》は己《おのれ》の為《ため》にし」に由来しているのだと私は考えている。

自分のために学ぶのが本分で、正しく学べていれば、その徳が自ずから世に現れて、周囲にもよい影響を与えるというのが、孔子の理想だった。だから孔子は、慎重に考える一方、はじめから人を疑いの目で見るような態度は控えようともしている。

○子《し》曰《い》はく、詐《いつは》りを逆《むか》へず、信《しん》ぜられざるを億《おもんぱか》らず、抑《そもそも》先《ま》づ覚《さと》る者《もの》は是《こ》れ賢《けん》か。（憲問）

子曰、不逆詐、不億不信、抑亦先覺者是賢乎。

〔通釈〕物事を考え人と接するに当たって、裏側からの根回しや、腹を探るようなことをせず、騙されはしないかと先回りして疑うことをせず、信じてもらえないのではないかと気を回して妙な立ち回りをすることなく、それでいて人々の想い、思惑を先んじて察知することが出来る人は、賢者といえるだろう。

賢者は、探らずとも、他人の思惑を察知してしまうものらしい。

この章の最後に、自ら学び、また人に教えようとする人間にとって、大切な誨《おし》えを二つ確認しておきたい。

○子貢《しこう》問《と》うて曰《い》はく、「一言《いちげん》にして以《もっ》て終身《しゅうしん》之《これ》を行《おこな》ふべき者《もの》あるか。」子曰《しい》はく、「其《そ》れ恕《じょ》か。己《おのれ》の欲《ほっ》せざる所《ところ》、人《ひと》に施《ほどこ》す勿《なか》れ。」（衛霊公）

子貢問曰、有一言而可以終身行之者乎。子曰、其恕乎。己所不欲、勿施於人。

〔通釈〕子貢が尋ねて言った。「ただ一言で言い表せて、一生涯ずっとこれを行うべきことはありますか。」先生は言った。「それは〈恕《じょ》〉である。自分自身がして欲しくないことは、他人にしたりはしないという意味だ。」

このように説く孔子は、子貢が「我《われ》、人《ひと》の諸《これ》を我《われ》に加《くは》ふるを欲《ほっ》せざるや、吾《われ》も亦諸《またこれ》を人《ひと》に加《くは》ふること無《な》きを欲《ほっ》す」と言うと、「賜《し》や、爾《なんぢ》の及《およ》ぶ所《ところ》に非《あら》ず」と述べている（公冶長）。「恕」を目標にしたいという子貢に、「お前には無理」といっているわけで、かなり手厳しい。

○子曰《しい》はく、道《みち》に聴《き》いて塗《みち》に説《と》くは徳《とく》を之《こ》れ棄《す》つるなり。（陽貨）

子曰、道聴而塗説、徳之棄也。

〔通釈〕道義を説く言葉はとても大切なもので、これは実際の行動に生かすよう、よく噛みしめて体得すべきものだが、人から教わったばかりのものを、自分でよく理解もしていないのに、行く先で軽々しく自分の考えのように語るようでは、徳は身に付かず、せっかくの善言を捨ててしまうようなものである。

ここでも孔子は、安易に「分かる」ことを戒めている。分かったつもりになることと、本当に分かることとはまったく違う。自らの精神が感応するようにして分かったことだけが、本当に他人にも教えられるのだろう。

孔子は「述《の》べて作《つく》らず、信《しん》じて古《いにしへ》を好《この》む」（述而）とも語っており、自らの教えは独創ではなく、古《いにしえ》の聖賢が説いたところを学び伝えているに過ぎないとした。しかし同時代にはまだ多くの者が古い教えを自分の言葉のように語っていただろうに、孔子の学だけが特別に残ったことが示しているように、そこにはやはり、孔子でなければ出来ない何かがあるのだろう。

思うに、その信じることの強さと深さに、孔子の創見があった。「自分の作ではない」と謙遜する孔子は、深く学び探求して、彼でなければ到達し得ない理解に至り、それを人々に説いていたはずである。朱子は、孔子の業績が諸聖賢の教学を修正したものだったとしても、その功は「作」に倍するとした。

第十章　ヤンキー、オタク、ひきこもり

——孔子とその弟子たち

孔子はいかにして弟子たちを導いたか

孔子は、自身が道を求めて学に励んだだけでなく、弟子たちを教え導く師匠でもあった。孔子は「教えるという行為」について、次のように語っている。

○子曰《しい》はく、黙《もく》して之《これ》を識《しる》し、学《まな》んで厭《あ》かず、人《ひと》を誨《をし》へて倦《う》まず、何《いづ》れか我《われ》に有《あ》らんや。（述而）

子曰、默而識之、學而不厭、誨人不倦、何有於我哉。

〔通釈〕黙って知識を頭に刻み、学んで飽きることなく、人に教えることを惰性でしない。これらのいずれが、私に十分できているだろうか。

「何《いづ》れか我《われ》に有《あ》らんや」を、「いずれも（私には）出来てはいない」（宇野哲人）と解しているものと、「それらは私にとってなんでもない」（金谷治）と解する説がある。同じ文字が、まったく逆の意味に取られているのである。ここで言われているのは孔子が努めて行ったであろうことで、たしかに十分に達成していたことだと思う。しかし孔子は、他人から見たら十分でも、自分ではまだ足りないと考える性質の人であり、「なお努力せねばならない、努力の余地がある」ということを悲観するのではなく、むしろ向上しえる喜びとして感じたような人だったのではないかと思う。そうしたことを踏まえて、「どれもまだ出来ていない」と解するのが適当であると思う。

そもそも「自分は出来ている」と思うのは小人の特徴であり、「まだ完璧ではない」と思うのが君子である。子供に「テストはどうだった」と尋ねて、「だいたい出来た」という時が、いちばん危ないのである。自分の仕事を考えてみてもそうで、どこが駄目なのか分かっているときのほうが、その不備を改めやすい。「だいたい出来た」というのは、どこが駄目なのかをきちんと把握できていないということなのである。

孔子は続けて、次のようにも嘆いている。

○子曰《しい》はく、徳《とく》の修《をさ》まらざる、学《がく》の講《こう》ぜざる、義《ぎ》を聞《き》いて徙《うつ》る能《あた》はざる、不善《ふぜん》改《あらた》むる能《あた》はざる、是吾《これわ》が憂《うれ》ひなり。（述而）

子曰、徳之不修、學之不講、聞義不能徙、不善不能改、是吾憂也。

〔通釈〕徳を修めようとしてなお足らないこと、学問をして探求が足りないこと、正義を聞いてこれを実現するに至らないこと、よくない点に気付きながらまだそれを克服できないこと、これが私の憂慮している課題である。

孔子にここまで言われると、ひょっとして、これは何時までも進歩しない弟子（『論語』読者）への厭味《いやみ》なのではないか、という気もしてくるが、たぶん孔子は本気でそう自分を戒めている。孔子は大成していながら、なお伸び続ける人だった。たぶん孔子は自分に限界を設けず、決して「これで十分だ」と満足することはなかったのだと思う。それでいて悠揚たる雰囲気があるのは、努力を怠らず、日日精進することを楽しんでいたからだろう。

孔子が生きていた当時、その教えは権威あるものではなく、為政者のあり方を批判したことから危険視すらされていた。そのような状況下、それでも孔子のもとに集った弟子たちは個性派揃いだった。もちろん彼らは、それぞれに優れた人間だったが、『論語』に見られる孔子と弟子の会話を読んでいると、微笑を禁じえない。

例えば子路は武勇の人であり、正義感は強いが直情径行型で、すぐに暴力で解決しようとするところがある。現代の若者でいえば、暴走族のアタマをやっていそうなタイプにみえる。

子貢は目端が利く才子だが、調子がよすぎて重々しさに欠けるところがあった。それでも彼は、経済にも明るかったらしく、放浪中の孔子教団を、財政的に支えていた節がある。今ならさしずめ、勉学の合間にデイトレーディングで一儲けしてしまうITオタクといったところだろうか。

顔淵は、孔子が最も将来を嘱望した弟子だった。しかし引っ込み思案なところがあって、ややひきこもり的な若者だったのではないかと思う。だいたい、乱世にあって真剣に世の中のことを考えたら、暗くなるのが当たり前だ。それにしても顔淵の真面目さは孔子以上で、ほとんど社会不適応者だ。しかし彼はひきこもってうずくまっているのではなくて、頭脳と精神はいつも活動させていた。だからその学問がある達成点を越えたなら、それ以降は飛躍的に「有為の人」に転ずる可能性を秘めていた。

懼れる子路、微笑む孔子

孔子は弟子たちの性格を見極めながら、それぞれに合ったアドバイスを与えた。たとえば子路と孔子は、こんな問答をしている。

○子路《しろ》曰《い》はく、「君子《くんし》は勇《ゆう》を尚《たふと》ぶか。」子曰《しい》はく、「君子《くんし》は義《ぎ》を以《もつ》て上《じよう》と為《な》す。君子勇《くんしゆう》ありて義《ぎ》なければ乱《らん》を為《な》す。小人勇《しようじんゆう》ありて義《ぎ》なければ盗《とう》を為《な》す。」（陽貨）

子路曰、君子尚勇乎。子曰、君子義以爲上。君子有勇而無義、爲亂。小人有勇而無義、爲盜。

〔通釈〕子路は言った。「立派な人間は勇気を尊びますか。」先生は言った。「立派な人間は、それよりも義を重んずる。人の上に立つ者が、勇気ばかりがあって義によってことの理非を冷静に判断することが出来なければ、反乱を起こすことにもなりかねない。つまらない人間も、勇気だけがあって正義を重んずる心がなければ、強盗などを働くことにもなりかねない。」

孔子は現実を良くする手段として、武力が有効だとは考えていなかった。だから武勇にはやる子路の性格を危惧し、しばしばその激情を抑えるよう指導した。

しかしその一方で、孔子は子路の純粋な情熱と行動力を愛してもいた。

○子曰《しい》はく、「道行《みちおこな》はれず。桴《いかだ》に乗《の》りて海《うみ》に浮《うか》ばん。我《われ》に従《したが》ふ者《もの》は其《そ》れ由《ゆう》か。」子路之《しろこれ》を聞《き》きて喜《よろこ》ぶ。子曰《しい》はく、「由《ゆう》や勇《ゆう》を好《この》むこと我《われ》に過《す》ぎたり。取《と》り材《はか》る所《ところ》なし。」（公冶長）

子曰、道不行。乗桴浮于海。従我者其由與。子路聞之喜。子曰、由也好勇過我。無所取材。

〔通釈〕先生が言った。「私がいかに説き続けても、世に正しい道を行われることがない。いかだに乗って海に浮かび、どこか知らないところにでも行きたいが、そんな私について来る者がいるとしたら、それは由（子路の名）だけだろう。」子路はこれを聞いて喜んだ。先生は言った。「由よ、お前が勇ましいことは私以上だ。だが材料がない（ので止めておこう）。」

この会話で孔子は、子路をからかって楽しんでいるような気味がある。その一方で、子路の直情径行の一直線ぶりを、ほほえましく思っている様子も感じられる。「道《みち》行《おこな》はれず。桴《いかだ》に乗《の》りて海《うみ》に浮《うか》ばん」と述べているとき、孔子は自分の主張を採ろうとしない世間に対して、かなり悲観的になっていた。孔子もまた情熱の人なのである。しかし悲嘆に暮れる自分の言葉を聞いて、自分だけは最後まで供をするだろうといわれたことを単純に喜ぶ子路を見て、孔子は勇気付けられたのではないだろうか。

子路は孔子の言葉の陰影を理解しない。だが、真っ直ぐな心を持っている。こういう生徒は、困ったものだが、かわいくもある。会社にも、こういうタイプがいる。頭は悪いが一生懸命で、営業に出るとノルマが達成できるまで帰ってこないような社員。昔、ハムか何かのコマーシャルで「腕白でもいい、たくましく育ってほしい」というセリフがあった。孔子は、その腕白振りを愛しながら、より高い目標に、彼を導こうとした。だが、なかなか子路の学問は進まなかったらしい。

○子路《しろ》聞《き》くことありて未《いま》だ之《これ》を行《おこな》ふこと能《あた》はざれば、惟《ただ》聞《き》くことあるを恐《おそ》る。（公冶長）

子路有聞未之能行、惟恐有聞。

〔通釈〕子路は先生が道について話すのを聞くと、いつもまっすぐに感銘を受けて、それを行いたいと思う心が強かった。だが、それを実行することはなかなか出来なかった。そして子路は、先生の話を聞く前から、それを実行できないのではないかと恐れるようになった。

子路は目から鼻へ抜けるタイプの、器用な人間ではなかった。しかしこの言葉は、子路の無能さではなく、彼の純粋ぶりを伝えているように思う。自分が何を知らないかを知ることが、叡智の始まりだとすれば、子路の懼《おそ》れは、まさに道義に生きた人間の懼れだった。

厳しい孔子、やり返す子貢

孔子は他人の批判を殆んどしない人だが、弟子に対してはけっこうキツイことを言っている。正直に、歯に衣着せずに言ってやることが、弟子のためだと考えているためだろうか。

○子貢《しこう》曰《い》はく、「我《われ》、人《ひと》の諸《これ》を我《われ》に加《くは》ふるを欲《ほっ》せざるや、吾《われ》も亦諸《またこれ》を人《ひと》に加《くは》ふること無《な》きを欲《ほっ》す。」子《し》曰《い》はく、「賜《し》や、爾《なんぢ》の及《およ》ぶ所《ところ》に非《あら》ず。」（公冶長）

子貢曰、我不欲人之加諸我也、吾亦欲無加諸人。子曰、賜也、非爾所及也。

〔通釈〕子貢は言った。「自分が他人からされていやだと思うことは、私もまた他人にはしないようにしたいと思います。」先生は言った。「賜よ。お前には、まだそれはちょっと無理だ。」

子貢が述べているのは「恕」を実践したいということである。先に紹介したように、それは道徳の根幹となる心構えだ。それを「お前には無理」といわれたのだから、子貢は落ち込んだだろう。

ただ、ここでどうして「まだ無理」なのかを考えてみる必要があるだろう。「自分がしてほしくないことは、人にしてはならない」というのは、一見すると簡単明瞭のように思える。だが、人は何を「してほしくない」と思うのだろうか。

小人は「正直な諫言」「厳しい指導」などは「してほしくない」と思うだろう。たぶん子貢は、耳に痛いことは聞きたくないという態度をとることがあったのではないか。孔子の言葉は彼の性格について語っているのであって、能力について述べているのではない。そして性格は変えられるというのが、孔子の人間観だった。

○子貢《しこう》人《ひと》を方《たくら》ぶ。子曰《しい》はく、「賜《し》や賢《けん》なるかな、夫《そ》れ我《われ》は則《すなは》ち暇《いとま》あらず。」（憲問）

子貢方人。子曰、賜也賢乎哉。夫我則不暇。

〔通釈〕子貢は人の優劣を論ずるのが好きだった。先生は言った。「賜（子貢の名）や、お前はよほど賢いのだね。私は自分の修行が忙しくて、人と比較する暇などない」

相当な皮肉である。孔子はこういう言い方もするのである。子貢は小才が利く男で、それを隠そうとしなかった。血気盛んで鋭い質問をし、時に孔子をうならせることもあった。孔子は子貢の能力をかっているだけに、その人格の軽々しさを何とか直してやろうと、さまざまな言い方で、彼の自覚を促した。

○子《し》、子貢《しこう》に謂《い》つて曰《い》はく、「女《なんぢ》と回《かい》とは孰《いづ》れか愈《まさ》れる。」対《こた》へて曰《い》はく、「賜《し》や何《なん》ぞ敢《あ》へて回《かい》を望《のぞ》まん。回《かい》や一《いち》を聞《き》いて以《もつ》て十《じゆう》を知《し》る。賜《し》や一《いち》を聞《き》いて以《もつ》て二《に》を知《し》る。」子《し》曰《い》はく、「如《し》かず。吾《われ》、女《なんぢ》に如《し》かざるを与《ゆる》さん。」（公冶長）

子謂子貢曰、女與囘也孰愈。對曰、賜也何敢望囘。囘也聞一以知十。賜也聞一以知二。子曰、弗如也。吾與女弗如也。

〔通釈〕先生が子貢に言った。「汝と回（顔淵）とはどちらが優れていると思うか。」答えて言った。「私がどうして回を望めましょうか。回は一を聞いて十を知る者です。私は一を聞いて二を知る程度です。」先生は言った。「たしかにお前は回に及ばない。それを自覚しているなら、私はお前を許そう」

人を比較して論評するのが好きな子貢を、孔子はこのような言葉で厳しく戒めた。もっとも子貢もさるもので、「敵《かな》わない」と言いながら、自分も一を聞いて二を知る者だと述べている。

それにしても孔子の顔淵に対する信頼は厚く、期待は大きかった。

○子曰《しい》はく、賢《けん》なるかな回《かい》や。一簞《いったん》の食《し》、一瓢《いっぴょう》の飲《いん》、陋巷《ろうこう》に在《あ》り。人《ひと》は其《そ》の憂《うれ》ひに堪《た》へず。回《かい》や其《そ》の楽《たの》しみを改《あらた》めず。賢《けん》なるかな回《かい》や。（雍也）

子曰、賢哉囘也。一簞食、一瓢飲、在陋巷。人不堪其憂。囘也不改其樂。賢哉囘也。

〔通釈〕顔回（顔淵）は立派だ。竹器一杯の飯、瓢《ひさご》一杯の飲物で食事をすませ、狭い路地にある粗末な家に住んでいる。たいていの者なら、その貧しさは耐えられないほどに辛いものだろう。だが回は、そんな生活をも楽しみ、無理に変えようと足掻《あが》かない。何と立派なことだろうか、回は。

とはいえ顔淵は、あまりに品行方正で、面白みに欠ける。子貢の負けん気というか、ちょっとおっちょこちょいで図々しいキャラクターに、私は魅力を感じてしまう。イエス・キリストの弟子だと、ペテロがこのキャラに近い。師を尊敬することでは人後におちず、勤勉でもあるが、軽率なところがあって、口数が多く、憎めない。

○子貢《しこう》曰《い》はく、夫子《ふうし》の文章《ぶんしよう》は得《え》て聞《き》くべし。夫子《ふうし》の性《せい》と天道《てんどう》とを言《い》ふは得《え》て聞《き》くべからず。〔公冶長〕

子貢曰、夫子之文章、可得而聞也。夫子之言性與天道、不可得而聞也。

〔通釈〕子貢は言った。先生の文には自ずからその徳が表れていて、威儀・文辞共にすばらしく、だれにでも得るべき所があって、よく聞くべきものだ。ただし先生が人の性格と天道とについて話されたことは、奥深くニュアンスが微妙であるため、真意を取り難いので、ふつうのものは安易に聞くことは出来ない。

子貢のこの言葉は、自分について孔子が述べた言葉を受けて、言っているもののように感じられる。「先生は時に自分のことを腐すけれども、真意は別のところにある」とでも言いたげだ。

孔子の財政面を支えた、子貢の利殖の才

実際、孔子は自分の学問上の信念とは別のところで、けっこう子貢を頼りにもしているし、認めてもいる。

○子曰《しい》はく、回《かい》や其《そ》れ庶《ちか》きか。屢《しばしば》空《むな》し。賜《し》は命《めい》を受《う》けずして貨殖《かしょく》す。億《おもんぱか》れば則《すなは》ち屢《しばしば》中《あた》る。（先進）

子曰、回也其庶乎。屢空。賜不受命、而貨殖焉。億則屢中。

〔通釈〕回は道に近づいている。貧困をものともせずに学問に励み、世事に心を砕かないので、しばしば困窮して衣食に困ることもあるが、そんな時も心の余裕を失わない。賜（子貢）は天命に従うことではまだ回に及ばず、利殖をしている。才知に秀でているので彼の資産運用はしばしば上手くいっている。

『史記』によれば、子貢は孔子一行の財政面を支えていたといわれる。彼の利殖の才は、現実生活の面では顔淵の人格よりも孔子たちの役に立っていた面がある。

森鷗外は『史記』に由来する「物土の宜しくして其の利を布く」という語を好んで揮毫《きごう》した。土地には地味《ちみ》があり人には性格がある。それぞれの良さを見出して活用し、利益を引き出しては、皆でこれを分かち合うという意味だ。孔子は、子貢が才走りすぎて地道に道を思うことにやや欠けるのを戒めていたが、そんな子貢に自分たちが支えられていたこともよく分かっていたのだろう。この語には、師としての厳しい判断と、人間としての感謝の気持ちが入り混じっているように感じられる。

孔子は顔淵を高く評価しているが、彼が早死にしたことも含めて、やはり道を求めることに偏して、世俗的営為を軽んじた人という印象は否めない。もっとちゃんと食べられていたら、師より早死にするなどということはなかったのではないか（顔淵が死んだと知ったとき、孔子は慟哭《どうこく》する）。

その一方、子貢は世俗的成功者には向いてはいるものの、道の達成者にはなり得ない性格の人だったことも、何となく分かる。そして孔子こそは、顔淵の至誠と子貢の才知を兼ね備えた、さらにいえば子路の勇気をも併せ持つ、中庸の人だったことも。
ところで子貢や子路以上に、孔子に本気で怒られた弟子もいる。

○宰予《さいよ》、昼寝《ひるい》ぬ。子曰《しい》はく、「朽木《きゆうぼく》は雕《ゑ》る可《べ》からず。糞土《ふんど》の牆《しよう》は杇《お》すべからず。予《よ》に於《お》いてか何《なん》ぞ誅《せ》めん。」子曰《しい》はく、「始《はじ》め吾《われ》、人《ひと》に於《お》けるや、其《そ》の言《げん》を聴《き》いて其《そ》の行《おこな》ひを信《しん》ぜり。今吾《いまわれ》、人《ひと》に於《お》けるや、其《そ》の言《げん》を聴《き》いて其《そ》の行《おこな》ひを観《み》る。予《よ》に於《お》いてか是《これ》を改《あらた》む。」（公冶長）

宰予晝寢。子曰、朽木、不可雕也。糞土之牆、不可杇也。於予與何誅。子曰、始吾於人也、聽其言而信其行。今吾於人也、聽其言而觀其行。於予與改是。

〔通釈〕宰予は昼寝をしていた。孔子は言った。「腐った木には彫刻をすることは出来ない。糞土を塗って壁を作ることはできない。宰予のように怠惰で性根が腐っている人間には、何を言っても何を責めても意味がない。」孔子は言った。「かつて私は、人に対する場合には、その人の述べる言葉を聞いて相手を信じたものだった。だが今の私は、人に対峙して、その言葉を聞いてもそれだけでは信ずることが出来ず、その行動を見定めてから判断するようになっている。宰予に対面した際に失敗してこりたので、人間全体に対する態度を改めざるを得なかったのだ」

尋常ならざる厳しい言葉だ。昼寝したくらいで、こんなに怒ることないのにと思う。そう思う人は多いらしく、宰予は昼間から女と寝ていたのだと解する向きもいる。

仁を説き、道を求めた孔子は、ともかく弟子にはよく怒る人だった。怒るにはエネルギーがいる。子供は褒めて育てろという人もいるが、このように真剣に怒ってくれる先生というのは、「いいよ、いいよ。どうでもいいよ」という先生よりも、良い先生だと私は思う。

孔子もたまにはグチをこぼす

最後に、孔子本人の人柄を伝える言葉をいくつか見ておきたい。儒学を大成し、その後二千数百年後の今日に至るまで、東アジアの道徳規範となった教学を作った人物は、どのような人だったのか。

その思想については、これまで見てきたところだ。「疏食《そし》を飯《くら》ひ、水《みづ》を飲《の》み、肱《ひぢ》を曲《ま》げて之《これ》を枕《まくら》とす。楽《たの》しみ亦《また》其《そ》の中《うち》に在《あ》り」（述而）といった心のありようのかっこいい部分も、既に見てきた。

そんな孔子にも、世に受け入れられないという鬱屈があり、苦手なものもあった。

○子曰《しい》はく、「我《われ》を知《し》るもの莫《な》きかな。」子貢曰《しこうい》はく、「何為《なんす》れぞ其《そ》れ子《し》を知《し》る莫《な》きや。」子《し》曰《い》はく、「天《てん》を怨《うら》みず、人《ひと》を尤《とが》めず。下学《かがく》して上達《じょうたつ》す。我《われ》を知《し》る者《もの》は其《そ》れ天《てん》か。」（憲問）

子曰、莫我知也夫。子貢曰、何爲其莫知子也。子曰、不怨天、不尤人、下學而上達、知我者其天乎。

〔通釈〕先生は言った。「私のことを知っている者は、いないのだろうか。」子貢が言った。「どうして先生のことを知るものがいないなどとおっしゃるのですか。」先生は言った。「天を怨むわけではない。人を咎めているのでもない。身近なことを学びながら、深遠な道理の本質にも通じるようになった。そうした私の本当の考えを知っている者があるとすれば、それは天であろうか。」

孔子は自らが学び求めて得た理想を、現実社会のために役立てたいと願っていた。弟子たちは孔子を尊敬し、世の人々もその名声を次第に知るようにはなった。しかし孔子の理想を実践しようと本気で思う為政者は現れなかった。孔子は敬して遠ざけられていた。それでも孔子は理想を追い続けた。そして孔子は、生涯、前進し続けた。

○子曰《しい》はく、吾十有五《われじゅうゆうご》にして学《がく》に志《こころざ》す。三十《さんじゅう》にして立《た》つ。四十《しじゅう》にして惑《まど》はず。五十《ごじゅう》にして天命《てんめい》を知《し》る。六十《ろくじゅう》にして耳順《みみしたが》ふ。七十《しちじゅう》にして心《こころ》の欲《ほっ》する所《ところ》に従《したが》へども矩《のり》を踰《こ》えず。（為政）

子曰、吾十有五而志于學。三十而立。四十而不惑。五十而知天命。六十而耳順。七十而従心所欲、不踰矩。

〔**通釈**〕私は十五のときに人格完成のための学問に志した。三十になって独立した立場を確立し、四十になると驚き惑うことがなくなった。五十にして天命を知った。六十にして人の言葉を聞くと直ぐにその真意が理解できるようになった。七十になって、心の赴くままに行動しても礼儀や規則に外れることがなくなった。

十五歳で学に志す人間は、少なくないと思う。若さは理想によく似合う。だが、その後は？　ふつうは挫折し、現実と妥協するようになる。妥協は次第に習い性となって、理想は過去の夢となる。

だが孔子は違った。「七十《しちじゅう》にして心《こころ》の欲《ほっ》する所《ところ》に従《したが》へども矩《のり》を踰《こ》えず」ということは、孔子は六十九歳までは己の欲するところに従うと、自らが提唱する道徳規範を超えてしまうような過剰さを抱えていたということになる。何という若さだろうか。

孔子は、現実との相性の悪さに、生涯苦しみ、その苦しみを乗り越えるために、努力をし続けた。

○子曰《しい》はく、唯《ただ》女子《じょし》と小人《しょうじん》とは養《やしな》ひ難《がた》しとなす。之《これ》を近《ちか》づくれば則《すなは》ち不孫《ふそん》に、之《これ》を遠《とほ》ざくれば則《すなは》ち怨《うら》む。」（陽貨）

子曰、唯女子與小人爲難養也。近之則不孫、遠之則怨。

〔通釈〕女子と小人ばかりは、どうにも扱い難いものだ。あまり親密にしすぎると、礼儀を弁えずに不遜になる。威厳を示してこれと距離をとると、すぐに怨む。

この一句は「民《たみ》は之《これ》に由《よ》らしむべし。之《これ》を知《し》らしむべからず」と並んで、現在、非常に評判が悪い。しかもこちらは弁解の余地がない。

そもそも文中の女子は婢妾を、小人は召使を指しており、身分制度の中での言葉だった。それでもあえて、このように述べた孔子の気持ちを忖度《そんたく》するなら、同時代の多くの人にとっては、ただ召し使えばいいと思われていた相手を、自分と同様に心のある存在として見たからこその「扱いにくさ」だったとは言えるだろう。

それにしても、これは明らかにグチである。「君子《くんし》固《もと》より窮《きゅう》す」といい、精神か生活かと問われれば「食《しょく》を去《す》てん」と言い切る孔子にして、このグチ。本当は微妙に意味が違うものの、「妻と子供は養いがたい」と感じている平凡な父親としては、妙に親近感がわく。

また、女子と小人は、現実的な価値観を生きる世間の人々の象徴でもあっただろう。孔子は現実世界を愛し、これを理想に近づけようと努力したが、現実の側はなかなか孔子の思想を受け入れなかった。

ちなみに思想家というのは、稀には例外もあるが、基本的に女性が苦手である。ソクラテスの妻といえば悪妻の代名詞にもなるほどだが、実際にはソクラテスにも問題があったのではないか、と思えなくもない。だいたい哲学者や思想家は、人類全体とか永遠の真理とかを追求しているのだが、妻子にとっては、そんなことは関係ない。むしろ迷惑である。

今時の女性が結婚相手に求める第一条件は「優しさ」だといわれているが、この「優しさ」を具体的に言うと、「家族には経済的な不安を与えず、家族サービスもきちんとやる」という「都合のいい男」のことだ。つまり、決して天下国家のために家族を顧みずに奔走したり、「君子《くんし》固《もと》より窮《きゅう》す」などといわない、「他人のことなんか関係なく、家族のことだけ考えてくれる」ような「優しさ」なのである。エゴといえばエゴだが、庶民の知恵といえば知恵で、処世術とはそういうものだ。

孔子一行は、政敵に囲まれて食を断たれること数日に及び、空腹のあまり足も立たなくなった、というような窮地に立ったこともある。孔子と志を同じくする弟子たちは、それでもいいかもしれないが、単に雇われているだけの召使にしたら、たまらないだろう。「本当にいい人」は、その「いい人」故に、家族や召使に迷惑を及ぼすこともある。理想が現実にとって剣呑《けんのん》であるのも確かだ。

しかし孔子は、決してエゴイストではなかった。

○厩《うまや》焚《や》けたり。子《し》、朝《ちょう》より退《しりぞ》く。曰《い》はく、「人《ひと》を傷《そこな》へるか。」と。馬《うま》を問《と》はず。（郷党）

厩焚。子退朝、曰、傷人乎。不問馬。

〔通釈〕孔子の家の厩が失火した。孔子は朝廷に出仕しており、戻ってからはじめて知った。そして「負傷したものはいなかったか」とだけ尋ねた。馬のことは問わなかった。

「厩火事」という落語がある。骨董道楽の夫が、自分と道具のどちらを大切に思っているのか、心配した女房が、それをわざと毀《こわ》して、夫を試す話だ。

私の友人にはオタクなコレクターが多い。馬のことばかり気にしそうなヤツらばかりである。ある学者さんの奥さんが、夫婦喧嘩をすると二階の窓から本を投げるという話を聞くと、「そりゃたまらんな。謝るしかない、本のためにも」と言うのは友人たちの中では少数意見で、「そういう奥さんは、二階から投げちゃいなさい」と言うのが大勢を占めたのだが、これはまったくの余談である。

孔子はよく古書に学んだ。当時の「本」は紙に書いたものではなく、竹に文字を記して、これを革紐で束ねたものだったが、その革紐が切れたというから、よほど繰り返して読んだのだろう。しかしたぶん、孔子は書斎から失火しても「書を問はず」だっただろう。

孔子が多能だった理由

孔子は努力の人だった。経済的にも、恵まれた境遇の人ではなかった。

○子曰《しい》はく、我《われ》は生《うま》れながらにして之《これ》を知《し》る者《もの》にあらず。古《いにしへ》を好《この》みて敏《びん》にして以《もつ》て之《これ》を求《もと》むる者《もの》なり。（述而）

子曰、我非生而知之者。好古敏以求之者也。

〔通釈〕私は生まれながらにして道義を知っていたわけではない。昔のことを尊重し、先人の嘉言善行に学び、道理の核心を求めて探求してきたのである。

○大宰《たいさい》、子貢《しこう》に問《と》うて曰《い》はく、「夫子《ふうし》は聖者《せいじゃ》か。何《なん》ぞ其《そ》れ多能《たのう》なる。」子貢曰《しこうい》はく、「固《まこと》に天之《てんこれ》を縦《ゆる》して将《ほとん》ど聖《せい》にして又多能《またたのう》なり。」子之《しこれ》を聞《き》いて曰《い》はく、「大宰《たいさい》は我《われ》を知《し》れるか。

吾《わ》が少《わか》きや賤《いや》し。故《ゆゑ》に鄙事《ひじ》に多能《たのう》なり。君子《くんし》は多《た》ならんや。多《た》ならず。」（子罕）

大宰問於子貢曰、夫子聖者與。何其多能也。子貢曰、固天縱之將聖、又多能也。子聞之曰、大宰知我乎。吾少也賤。故多能鄙事。君子多乎。不多也。

〔**通釈**〕大宰が子貢に尋ねて言った。「あなたの先生は聖者でしょうか。それにしては（あるいは「それだけに」）何と多くの技能に通じているのでしょう。」子貢は言った。「固《もと》より先生があのような方であるのは、天が定められたことで、ほとんど聖者と言っていいでしょう。また、それとは別に多能であるのです。」孔子はこれを聞いて言った。「大宰は私のことを知っているのだろう。私は若い頃、身分が低かったので、つまらない世事に通じ、いろいろな技能が身についているのだ。本当に立派な人間というのは、細かい技術や小才に通じているものだろうか。いや、もっと大きく重要な天命に邁進していれば、多能になっている暇などないものだ」

器用貧乏という言葉もあるが、孔子の場合、その多能さが大宰の目にも明らかなのだから、詩歌管弦や実務能力の面でも、器用貧乏のレベルではなかっただろう。どれを取っても、身を立てられるほどだった。「多芸多才」は現代では褒め言葉だ。しかし古代中国ではそうではなかった。少なくとも孔子自身は、心底からそれを恥じている風だ。

『史記』の「孔子世家」によると、孔子は武人の叔梁紇《しゅくりょうこつ》と顔《がん》氏の娘である徴在《ちょうざい》の間に生まれたとされている。もっとも両者の結婚を、『史記』は「野合」と表現しており、孔子が私生児だったことを匂わせている。『孔子家語』は孔子の家系を殷の王室にまで遡って記述し、両親の「野合」について、父晩年の再婚だったためこういわれたのだ、としている。だが、『史記』の記述を含めて、後代の人が孔子の出生をその本人のありように相応《ふさわ》しく粉飾したものだと思われる。孔子は非嫡出子で、両親は怪しい存在だったらしい。

白川静氏は、孔子は巫女の子だったとし、父親の名前も分からない庶生児だったとする。そうした出自を考え合わせると、孔子が怪力乱神を語ることを嫌い、怪しげな祭祀を斥けたことには、重要な意味があったように思われる。そうしたものに頼ろうとする人間の愚かさ、醜さを、孔子は幼い頃に、舞台裏から見ていたのである。

若い頃の孔子は、倉庫番や牧場職員など、さまざまな仕事をしたらしい。孔子は「民」のひとりとして、苦しい生活を送る中で、さまざまな技芸を身につけた。それでいて生活のための職能だけでなく、十五歳頃には、大きな理想を胸に抱くようになっていくのである。

八章で見たように、孔子は「民」に多くを期待していないが、それは「民」として生まれた人々を卑しめてのことではないだろう。何しろ自分自身が、庶民の生まれなのだ。民として生まれても、志を持って学び励めば、その努力は報われる。そのように努力する者を、孔子は民とは呼ばないだけのことだ。

孔子は大望も野心もなく、ただ着実な労働と堅実な日常生活のみを願う人間を民と呼ぶ。そしてそんな民の在り方も否定はしない。民の言うところは用いないが、そうした民が苦しむことがない世界を築くことが、民の上に立つ君公諸士の責務だと考えたのである。

孔子が抱いた大きな夢の中心には、西周を興した周公・旦がいた。孔子はしばしば周公を夢に見たという。ソクラテスはダイモンの声を聞いて自らの思索の可否を正したといわれるが、孔子もまた心の内なる周公との対話を通して、困難な日常にあっても、自らの天命を保ち、心を研ぎ澄ませていった。

ところで孔子には、強力なライバルがいた。陽虎である。彼は優れた文辞の持主であり、吉凶を卜《ぼく》することも巧みだった。その才を以って、林立する諸国諸侯の間を渡り歩き、しばしば重く用いられた。

そのありようは、孔子に似て非なるものがあった。孔子が巧言令色を強く戒めた背景には、弁舌やパフォーマンスに巧みな者が重く用いられている現実があった。

多能である孔子には、陽虎と同じように立ち回ることが出来ただろうし、それ以上の栄達も可能だったように思う。陽虎の側は、当初は孔子の才を見抜いて、これを味方に引き入れようとした節がある。しかし孔子は応じなかった。蔡《さい》に入ろうとしたときに囲まれて食を断たれた「君子《くんし》固《もと》より窮《きゅう》す」の一件は、孔子が陽虎の一味と誤解されたことから生じたともいわれている。

もっとも孔子自身も、「沽《う》らんかな。沽《う》らんかな。我《われ》は賈《か》を待《ま》つ者《もの》なり」（子罕）と述べているように、自分の言葉に耳を傾けて政治に生かしてくれる国を求めて、弟子たちを引き連れて放浪していた。これは見ようによっては胡乱なことで、スパイと見なされても仕方ない側面があった。

孔子は晩年になってようやく故郷の魯に帰った。だがその晩年には、期待をかけていた弟子たちに先立たれる不幸に見舞われた。顔淵が死んだときは「天予《てんわれ》を喪《ほろ》ぼす。天予《てんわれ》を喪《ほろ》ぼす」（先進）と嘆き、衛の国に仕えていた子路が内乱に巻き込まれて討たれると、いよいよその落胆は深まった。

それでも、孔子が亡くなるとき、その枕元には子貢をはじめ多くの門人たちが詰めていたといわれる。

子供に『論語』を読み聞かせていると、ある時、息子は「本当に、こんな人がいたの？」と言った。「いたんだよ。こういう生き方をした人が、本当に昔、一人はいた」と答えた。かつて孔子のような人がいたという事実を確認できることは、われわれの幸福である。

あとがき　そして参考文献について

『論語』の訳注本・解釈書は、硬軟取り混ぜて、枚挙に暇《いとま》がない。孔子やその弟子たちを主人公にした小説も多い。

私が高校時代からよく用いていたのは、金谷治訳注『論語』（岩波文庫）と吉田賢抗著『論語』（明治書院）で、その後、大学時代になると宇野哲人『論語新釈』（講談社学術文庫）もよく見るようになった。第一章でも述べたように、『論語』は日本でも昔から広く読まれているのに、統一的な読み下し方というのはなく、それぞれ微妙に違っており、解釈にも開きがあるのだが、本書ではもっぱら、この三冊を参照した。金谷の訳は歯切れがよく、宇野の通釈は説明が詳しい。ほかに桑原武夫著『論語』（ちくま文庫）、加地伸行著『論語』（角川書店）、吉川幸次郎『論語』（朝日選書）などもある。

『論語』の読み方というか、自分に引きつけて読み込んだものとしては、渋沢栄一『論語と算盤《そろばん》』（国書刊行会）や下村湖人『論語物語』（講談社）が有名だ。しかし『論語』を商業道徳に結び付けて解釈する渋沢の読み方は、私には我田引水のように感じられた。

孔子に関する伝記、研究もたくさんあるが、和辻哲郎『孔子』（岩波文庫）や貝塚茂樹『孔子』（岩波新書）は、きわめて謹厳な孔子像を提示している。白川静『孔子伝』（中公文庫）は格調高い文章ながら、大胆な表現も見られてスリリングだ。金谷治『孔子』（講談社学術文庫）は、孔子の思想や生涯に加えて、世にいわれる「孔子像」の変遷も、分かりやすく解説してくれている。

小説では、井上靖『孔子』（新潮文庫）が孔子の死後、『論語』を編纂する過程での集話作業の形を借りて、孔子の生涯を追っている。こうした手法は井上の得意技で『後白河院』『本覚坊遺文』でも用いていた。短いながら、中島敦の『弟子』は名作だ。私は何度も泣いた。酒見賢一の『陋巷《ろうこう》に在り』（新潮文庫）は大著である。孔子の人生は波瀾に満ちており、弟子たちも多士済々なので、『三国志』流の大河ロマンに仕立てても不思議はない。諸星大二郎のマンガ『孔子暗黒伝』（集英社文庫）も、伝奇的な怪異の物語だが、そんな事件のなかでも孔子はいかにも孔子らしく描かれていて、妙に感動した。

冒険物語としても、孔子の生涯は面白い。そしてもし、われわれが『論語』の言葉に感銘を受けて、自分の人生を少しでも真に豊かなものとし、世に仁が行われることになったなら、それは時代を超えた奇跡の達成という、もうひとつの物語となる。

長山靖生（ながやまやすお）
1962年茨城県生まれ。評論家、歯学博士。鶴見大学歯学部卒業。歯科医のかたわら、文芸評論、家族や若者の問題などに関して執筆活動を行う。'96年、『偽史冒険世界』（筑摩書房）で第十回大衆文学研究賞を受賞。主な著書に『「人間嫌い」の言い分』『不勉強が身にしみる』『貧乏するにも程がある』（以上、光文社新書）、『人はなぜ歴史を偽造するのか』（光文社知恵の森文庫）、『千里眼事件』『奇想科学の冒険』（以上、平凡社新書）、『日露戦争』『大帝没後』（以上、新潮新書）、『天下の副将軍』『テロとユートピア』（以上、新潮選書）、『若者はなぜ「決められない」か』（ちくま新書）、『日米相互誤解史』（中公文庫）、『日本ＳＦ精神史』（河出ブックス）などがある。

『論語《ろんご》』でまともな親《おや》になる　世渡《よわた》りよりも人《ひと》の道《みち》

2009年12月20日初版1刷発行

著　者 — 長山靖生
発行者 — 古谷俊勝
装　幀 — アラン・チャン
印刷所 — 萩原印刷
製本所 — 榎本製本
発行所 — 株式会社光文社
東京都文京区音羽1-16-6(〒112-8011)
http://www.kobunsha.com/
電　話 — 編集部03(5395)8289　書籍販売部03(5395)8113
業務部03(5395)8125
メール — sinsyo@kobunsha.com

 Printed in Japan ISBN 978-4-334-03538-9

265
日本とフランス　二つの民主主義
不平等か、不自由か
薬師院仁志
自由を求めて不平等になっていく国・日本と、平等を求めて不自由になっていく国・フランス。相反する両国の憲法や政治体制を比較・検討しながら、民主主義の本質を問いなおす。

301
ベネディクト・アンダーソン　グローバリゼーションを語る
梅森直之　編著
大ベストセラー『想像の共同体』から二四年。グローバル化を視野に入れ新たな展開を見せるアンダーソンのナショナリズム理論を解説。混迷する世界を理解するヒントを探る。

314
ネオリベラリズムの精神分析
なぜ伝統や文化が求められるのか
樫村愛子
グローバル化経済のもと、労働や生活が不安定化していくなか、どのように個人のアイデンティティと社会を保てばいいのか？　ラカン派社会学の立場で、現代社会の難問を記述する。

357
チベット問題
ダライ・ラマ十四世と亡命者の証言
山際素男
ダライ・ラマ十四世との五日間にわたる単独インタビュー、尼僧を始めとした亡命チベット人たちの赤裸々な証言を中心に、〝チベット問題〟の流れを知るための貴重な記録。

387
もしも老子に出会ったら
山田史生
貧困や争い、自分探し、私欲の暴走、家庭や共同体の崩壊……現在の困難に、老子ならどう答えるか。『ない』方が『ある』「無限小の力」とは何か。古典思想家の言葉が、現代に甦る。

389
ベーシック・インカム入門
無条件給付の基本所得を考える
山森亮
世界的に注目される「ベーシック・インカム（基本所得）」。この仕組みは現代社会に何をもたらすのか？　労働、ジェンダー、グローバリゼーション、所有……の問題を再考する。

390
進化倫理学入門
「利己的」なのが結局、正しい
内藤淳
従来の倫理学や法哲学で議論が錯綜している「道徳の根拠」という難題に、人間行動進化学という理科系の知見を活用し、ユニークな視点で切り込む。新しい学問をわかりやすく解説。

319
『カラマーゾフの兄弟』続編を空想する
亀山郁夫

世界最大の文学は未完だった。もし「第二の小説」がありえたら、ドストエフスキーは何をそこに描いたか？ 作家の精神と思想をたどり、空想する、新しい文学の試みである。

329
謎とき 村上春樹
石原千秋

主人公の「僕」たちは、何を探し続けているのか——。小説に隠された「謎」を追い、ムラカミ作品の新しい魅力を探る。『ノルウェイの森』他4作の画期的読み方。

352
訓読みのはなし
漢字文化圏の中の日本語
笹原宏之

「戦く」から「お腹」「凹む」、さらに「GW」や、絵文字まで全て「訓読み」が可能。かくも幅広い訓読みの世界を具体例とともに見てゆき、日本語の面白さを「再発見」する。

370
文章は接続詞で決まる
石黒圭

「読む人にわかりやすく印象に残る文章を書くために、プロの作家はまず、接続詞から考えます」。ふだん何気なく使っている接続詞の具体的な役割を知り、効果的に使う技術を磨く。

395
地団駄は島根で踏め
行って・見て・触れる《語源の旅》
わぐりたかし

日本語は現場で起きている——言葉が生まれた土地におもむいて、探偵気分で語源の謎を調査・推理・解決⁉ いざ、うんちくや雑学でおわらせない、日本語の奥深さにふれる旅へ。

415
バカ丁寧化する日本語
敬語コミュニケーションの行方
野口恵子

「〜させていただく」という言葉に象徴されるように、現在、日本語の丁寧化という波が押し寄せている。〝おかしな日本語〟を観察しながら、コミュニケーションのあり方を考える。

422
名作の書き出し
漱石から春樹まで
石原千秋

優れた小説の書き出しは、不穏で、美しく、なんか変だ。それぞれの時代を代表する15編の小説の書き出しに秘められた意味を読み解く。小説を、自由に楽しむための読書案内。

光文社新書

150
座右のゲーテ
壁に突き当たったとき開く本
齋藤孝

「小さな対象だけを扱う」「日付を書いておく」「論理的思考を封印する」——本書では、ゲーテの〝ことば〟をヒントにして、知的で豊かな生活を送るための具体的な技法を学ぶ。

176
座右の諭吉
才能より決断
齋藤孝

「浮世を軽く視る」「極端を想像す」「まず相場を知る」「喜怒色に顕わさず」——類い希なる勝ち組気質の持ち主であった福沢諭吉の珠玉の言葉から、人生の指針を学ぶ。

177
現代思想のパフォーマンス
難波江和英　内田樹

現代思想は何のための道具なの？　二〇世紀を代表する六人の思想家を読み解き、現代思想をツールとして使いこなす技法をパフォーマンス（実演）する。

244
チョムスキー入門
生成文法の謎を解く
町田健

近年、アメリカ批判など政治的発言で知られるチョムスキーのもう一つの顔、それは言語学に革命をもたらした生成文法の提唱者としての顔である。彼の難解な理論を明快に解説。

290
論より詭弁
反論理的思考のすすめ
香西秀信

なぜ、論理的思考が議論の場で使えないのか。その理由は、それが対等の人間関係を前提に成立しているからである——対等の人間関係などない実社会で使える詭弁術の数々！

353
座右のニーチェ
突破力が身につく本
齋藤孝

規制や抑圧を打ち壊し、突破したニーチェのことばから、保身や恐れを克服し現代を生き抜くヒントを学ぶ。心に溜まった垢を洗い流す「座右」シリーズの第三弾。

406
難解な本を読む技術
高田明典

フロイト、ラカン、ウィトゲンシュタイン、デリダ、ジジェク…。偉大な哲学者たちの難解な思想を、読書を通していかに自分の中に取り込み血肉化するか、その技術を紹介する。